浙江省物流基地指南

——建设、运营及行业管理

(2013版)

本书编写组 编

人民交通出版社

内 容 提 要

本书共分为三章。第一章详细介绍了建设前期的项目报批(审批、核准、备案)、建设准备、建设实施和竣工验收等阶段所涉及的具体事宜,以便物流基地投资企业能够更好地了解、熟悉从项目立项到竣工验收的系列程序;第二章对物流基地的组织管理架构及职责、功能类型、运营模式、需关注的问题等方面进行了梳理和总结,并介绍了货运服务物流基地的运营规范,为各物流基地运营主体探究适合自身情况的运营管理模式提供借鉴;第三章针对物流基地的规划管理、项目前期管理、运行管理以及引导与扶持管理等四大行业管理中具体涉及的内容提出建议和意见,以便交通运输管理部门在物流基地规划、建设、运营和扶持过程中合法、科学、有效地行使行业管理职能。

图书在版编目(CIP)数据

浙江省物流基地指南:建设、运营和行业管理/《浙江省物流基地指南:建设、运营和行业管理》编写组编著.—北京:人民交通出版社,2013.2

ISBN 978-7-114-10385-8

Ⅰ.①浙… Ⅱ.①浙… Ⅲ.①物流—经济发展—浙江省—指南 Ⅳ.①F259.275.5-62

中国版本图书馆 CIP 数据核字(2013)第 035357 号

书　　名:浙江省物流基地指南——建设、运营及行业管理(2013 版)
著 作 者:本书编写组
责任编辑:李　斌
出版发行:人民交通出版社
地　　址:(100011)北京市朝阳区安定门外外馆斜街 3 号
网　　址:http://www.ccpress.com.cn
销售电话:(010)59757973
总 经 销:人民交通出版社发行部
经　　销:各地新华书店
印　　刷:北京市密东印刷有限公司
开　　本:880×1230　1/16
印　　张:6.75
字　　数:210 千
版　　次:2013 年 3 月　第 1 版
印　　次:2013 年 3 月　第 1 次印刷
书　　号:ISBN 978-7-114-10385-8
定　　价:20.00 元

本书编写组

顾　　问　郑黎明

组　　长　赵　雁

副 组 长　胡奕军　胡　森　金小平

编写人员　黄　海　袁　佳

参加人员　唐小明　葛拥军　翟　锟　许云飞

　　　　　钟　晨　龚　睿　刘淑珍　孙旭圆

总　　纂　袁　佳

前 言

物流业是融合运输业、仓储业、货代业和信息业等的复合型服务产业，是国民经济的重要组成部分，涉及领域广，吸纳就业人数多，促进生产、拉动消费作用大，在促进产业结构调整、转变经济发展方式和增强国民经济竞争力等方面发挥着重要作用。

在国务院印发的《物流业调整和振兴规划》中，物流园区工程被列为振兴物流业的九大重点工程之一。在国家发展改革委等九部门联合制定的《关于促进我国现代物流业发展的意见》中指出，要加快物流设施整合和社会化区域物流中心建设；采取必要的调控措施，推动各地区工业、商业、运输、货代、联运、物资、仓储等行业物流资源的整合；合理规划建设区域物流中心，开展社会化、专业化的公共服务。交通运输部《关于加快发展现代交通业的若干意见》提出："要进一步做好港口、运输站场等物流结点的布局规划，重视中心城市、口岸和物资集散地物流基地(园区)的规划工作，促进区域物流网络的形成"。2009 年 12 月，浙江省人民政府和交通运输部签署的《共同促进浙江交通物流发展会谈纪要》中将浙江列为全国交通物流发展试验先行区。次年 2 月出台部省共建会谈纪要贯彻意见，共同推进五个代表不同类型的典型物流园区建设，并在全国范围内形成了一定示范效应。浙江省交通运输厅在《关于推进全省交通物流基地建设的意见》(浙交〔2009〕88 号)中提出，物流基地在现代物流业中，具有基础性、稀缺性和公共性，既要充分发挥政府的主导和调控作用，也要充分发挥市场资源配置的基础性作用。要探索实践总结物流园区建设、运营管理模式，不断提升物流站场体系的服务、保障水平，走出一条具有当地特点的物流园区建设、营运管理新路子。

近几年来，浙江省物流基地的发展较快，已基本形成以物流园区为核心、物流中心为骨干、配送中心和传统货运站为基础、农村物流站点为补充的"布局合理、层次匹配、功能完善、运转高效"的物流基地体系。物流基地已成为浙江省传统货运站场转型升级的发展方向，无论是建设规模、投资额，还是功能布局、利用效率等方面在全国也极具竞争力。虽然政府在规划、监督指导方面发挥了重要作用，但物流基地自身的运营模式正逐步向物流附加值高的服务式经营转变。

在物流基地建设和发展过程中，浙江省积累了不少经验需要总结，遇到了不少问题需要梳理。例如，在建设过程中，物流基地建设程序、基地规划功能布局、交通部门在基地建设过程中的指导内容等；基地建成后，其运行机制、运营发展模式如何、有无成熟的管理经验可以参考等。对于物流基地，交通运输管理部门应怎么管、如何管、管哪些，国外有哪些管理经验，这些都需要在理论和实践的各个层面进行研究探讨。因此，我们认为很有必要编写一本物流基地指南——对大物流建设和现有物流基地建设、运营和行业管理的经验进行总结；为物流基地探究适合自身情况的建设运营管理模式提供学习借鉴；为行业管理部门在物流基地规划、建设、运营和扶持过程中合法、科学、有效地行使行业管理职能提供指导意见，引导物流基地更健康的发展。

本书共分为三章，分别为：物流基地建设指南、物流基地运营管理指南和物流基地交通运输行业管理指南。

第一章详细介绍了建设前期的项目报批（审批、核准、备案）、建设准备、建设实施和竣工验收等阶段所涉及的具体事宜，以便于物流基地投资企业能够更好地了解、熟悉从项目立项到竣工验收的系列程序。

第二章主要介绍了物流基地的组织管理架构及职责、功能类型、运营模式、管理规范等。梳理不同功能区块的盈利途径，以及运营管理者需关注的问题，为各物流基地探究适合自身情况的运营管理模式提供借鉴。

第三章针对物流基地的规划管理、项目前期管理、运行管理以及引导与扶持管理四大行业管理中具体涉及的内容提出建议和意见，包括约束性的法规内容和建议性的管理内容，以便交通运输管理部门在物流基地规划、建设、运营和扶持过程中合法、科学、有效地行使行业管理职能。

本书以理论加案例的形式，从不同阶段、角度和维度进行叙述，各部分既相互独立，又互为呼应，既注重全面、广泛，又突出重点和可操作，相信能为物流基地和交通运输行业管理部门的工作起到参考和借鉴的作用。

本书是由浙江省道路运输管理局提议并立项编写的，浙江省交通科学研究所承担研究和编写工作，浙江省综合交通物流行业协会、浙江传化物流基地有限公司、义乌交通发展有限公司、宁波梅山保税港区物流园区、长兴综合物流园区等单位共同参与。本书是在过去五年浙江交通大物流建设工作的基础上，对物流基地的现有情况进行梳理、归纳和总结。文中除非引用法律法规或相关条例，并不规定任何部门或个人在法律上必须履行的责任，也不对交通运输行业管理部门以及其他组织或个人具有法律约束力，仅限于视作建议参照执行。相关部门或企业可根据需要，采用合适的建设、运营、行业管理方式，但必须符合国家有关法律、法规以及相关条例和规章。

由于本书的编写工作是一项开创性的工作，而且对物流基地的建设、运营和管理的研究，仍处在摸索阶段。所以其中一定会有不完善、不成熟的地方。另外，本书的编写参考并引用了大量中外文献，在此我们谨向有关专家学者表示诚挚的谢意，特别是一些文献在参考文献中疏于列出，对此仅表示万分歉意。由于时间仓促以及作者水平有限，我们诚挚地希望读者和参考使用者给予指正，并将意见及时反馈给我们，我们深表感谢！

本书编写组

2013 年 2 月

目　　录

绪　论

现代物流作为一种先进的组织方式和管理技术，被广泛认为是企业在降低物资消耗、提高劳动生产率以外的重要利润源泉。从国外统计数据来看，发达国家通过物流的社会化、规模化、信息化、机械化与自动化、集成一体化等使占商品总价值30%的物流成本降低，对国民经济增长起到了支持和带动的作用。物流产值在经济发达国家或地区的国民经济中处于十分重要的地位。

物流基地作为现代物流的承载平台，是连接生产与消费，在空间和时间上产生效益的主要场所。它通过对物品的运输、储存、配送、装卸搬运、包装、流通加工和综合信息处理等工作的统一运作和管理，实现压缩流通环节、减轻作业强度、减少物品消耗、提高库存周转率、加速物品流通、降低流通成本、提高物流系统效率的目的，以满足货物转运、产业发展和居民消费等物流需求。

在国内物流界，关于物流基地的起源，有“日本说”和“欧洲说”。无论在欧洲还是日本，物流基地都得到了普遍的重视和广泛的发展。如德国、荷兰的物流园区发展也得到了国内物流界的关注，前往参观的取经、探宝者不在少数。引用法国诺曼底发展局一位官员的话：“20世纪80年代的物流基地要看荷兰的鹿特丹，20世纪90年代看德国的不来梅，21世纪就要看法国的诺曼底了”。可见，半个多世纪以来，欧洲、日本等发达国家一直在发展物流基地，而且物流基地的发展给经济带来显而易见的利好。

那么，什么是物流基地呢？2004年1月，欧洲物流园区联合会公布的《物流中心使用指南》中有这样的文字描述：“物流中心”（Logistics Centre）一词通常是指那些为开展物流活动而组织的专门站点。但这些站点的名称可能在不同国家叫法不同，比如：Centres logistiques de fret（货运物流中心）、Gares routières de marchandises（货物公路场站）、Logistics park（物流园区）、Platform freight terminal（平台货运终端）、Interporto（货运村）、Centro integrado de mercancias（商品综合服务中心）、Güterverkehrzentrum（货运村）、Transport centre（运输中心）、Freight village（货运村）、Transport center（运输中心）等，日本把物流基地叫作Distribution park（物流团地）。

在欧洲委员会的支持项目《FV-2000——货运村结构和运作的质量》报告中使用的是货运村（Freight village）这个概念（货运村的定义是1992年9月18日由欧洲物流园区联合会确定的，它作为欧洲物流园区联合会条例的附件出现）。货运村是在一个定义的区域内，所有有关商品运输、物流和配送的活动，包括国际和国内运输，通过各种运作者实现。这些运作者可能是建筑和设施（仓库、拆货中心、存货区、办公场所、停车场等）的拥有者或租赁者。同时，为了遵守自由竞争的规则，货运村必须允许所有与上面陈述的业务活动关系密切的企业进入。货运村也必须具备所有公共设施以实现上面提及的所有运作。如果可能，它也应当包括提供给入驻客户和设备使用者的公共服务。为了鼓励货物的多式联运，货运村必须提供更适宜的多样性的运输模式（陆路、铁路、远洋、内河、空运）。货运村必须通过单一的主体经营，为公共的或者私有的。

根据我国国家标准《物流术语》（GB/T 18354—2006）中的定义，物流基地是指广义物流网络上的功能性基础地区，具备完成物流网络系统业务运作要求的规模性综合或专业特征物流功能。物流园区、物流中心、配送中心、集装箱中转站、货运站场等概念包含了上述的意思和功能，是提供物流相关功能和组织物流服务的场所。其中物流园区在《浙江省交通物流基地调查报告》中做了定义：它是依托区位交通条件，与城市综合功能和产业体系相配套，布局集中、用地节约、企业集聚、经营集约，由两个及以上物流项目和一批公共基础设施组成的物流功能集聚区和物流基础设施群，由一个单位统一负责规划推进、协调管理。

由此看出，物流基地在各地的叫法不尽相同。因此，物流基地叫什么名字不是至关重要的，重要的是它具备什么特征。综合国内外研究机构、学者等对物流基地的描述，普遍认为：

(1)它是一个中转中心(或枢纽)，是一个与运输、物流和商品配送有关各种业务活动的特定区域，包括国内和国际中转。这个描述强调了物流基地的区域性和公共性，是城市的基础设施；同时具有动态特征，突出了货物的流动性。

(2)运作者可以是建造建筑物或设施(仓库、配送中心、存货区、办公室、载货车服务等)的所有者(业主)或租赁者。这个描述明确了物流基地所有权关系。

(3)物流基地的活动是基于商业的，允许与物流业务活动关系密切的企业进入，同时配备必要的公共设施，以开展运作。这个描述明确了物流基地入驻企业条件或准则。

(4)物流基地提供包括对工作人员/员工和设备使用者的公共服务。这个描述强调了物流基地是提供公共服务的平台。

(5)尽可能地鼓励多式联运(公路、铁路、海洋、内河、航空)。这个描述强调了物流基地内运输方式的多样性。

(6)为了保证协同和商业合作，物流基地应该是由一个单一的法律主体(有可能是一个公有的、私有的或者公私合营的主体)管理。这个描述明确了物流基地管理机构的适应性。

(7)物流基地建设运营管理必须遵循相关法律法规及标准，包括土地利用、交通组织、环保或排放等绩效。这个描述强调了物流基地建设运营必须符合国家和地方的政策法规。

基于上述物流基地的定义和特征，物流基地作为具有很强公益性的城市基础设施，从投资开发建设到正式投入运营的全过程，可分为以下四阶段：

1. 前期阶段

1)政府投资物流基地的前期阶段

它是指从项目策划起，到批准可行性研究报告止的阶段。这个阶段的主要工作有：项目建议书、概念性规划和可行性研究报告的编制和申报、咨询评估和确定建设方案等。

2)企业投资物流基地的前期阶段

它是指从项目策划起，到项目申请报告核准/备案通知止的阶段。这个阶段的主要工作有：编制项目概念性规划、可行性研究、咨询评估、项目申请报告编制和核准，或项目备案等。

2. 准备阶段

它是指从项目可行性研究报审批或项目申请报告核准或项目备案起，到项目正式开工建设止的阶段。这个阶段的主要工作有：工程勘察、工程初步设计与审查、筹资融资、征地拆迁、施工准备(场地平整、通路、通水、通电等)、施工图设计与审查、消防报验、工程和货物采购、招投标等。

3. 实施阶段

它是指从项目的主体工程破土动工起，到工程竣工交付运营止的阶段。这个阶段的主要工作有建筑工程施工现场管理、设备采购安装、工程监理、阶段性项目验收、试运行、竣工验收等。

4. 运营阶段

它是指从项目竣工验收交付使用期起，到正式投入运营的阶段。

本书第一章的内容涉及前期、准备、实施阶段，运营阶段内容见第二章；第三章内容涵盖物流基地的全过程。

第一章　物流基地建设指南

本章主要介绍了浙江省物流基地(物流中心、集装箱中转站、货运站场等)单个报批物流项目建设的全部流程,从项目立项到项目竣工验收系列程序,涵盖建设内容、申请程序、部门批复以及相关材料等。实际建设过程因受多种因素影响,项目建设过程并不一致,但基本内容大致相同。

一、建设前期

物流基地建设前期,最重要的工作是立项。政府投资主管部门(发改部门)依据相关法律法规和规定对不同投资主体建设的物流基地的项目实行分类管理,将其划分为审批制项目、核准制项目和备案制项目。政府投资的物流项目实行审批制,而企业投资的物流项目则根据不同情况分别实行核准制和备案制。项目投资主体不同,其相应的投资建设的行政管理程序也有所不同。

文件依据:

(1)《国务院关于投资体制改革的决定》;

(2)《国务院办公厅关于加强和规范新开工项目管理的通知》;

(3)《国家发展改革委关于实行企业投资项目备案制指导意见的通知》;

(4)《政府核准的投资项目目录》(2004 年);

(5)《外商投资项目核准暂行管理办法》;

(6)《外商投资产业指导目录》(2011 年修订);

(7)《浙江省政府投资项目管理办法》(2005 年);

(8)《浙江省企业投资项目核准和备案暂行办法》(2005 年);

(9)《外商投资道路运输业管理规定》(2001 年)及其补充规定(2003 年)。

(一)审批制物流项目的报批

1. 审批制物流项目的范围和来源

由于使用政府性资金投资建设的物流项目实行的是审批制管理,所以政府投资的物流基地必须先列入区域或地市、行业、部门物流发展规划,如物流业发展规划、物流基地布局规划、商贸流通业发展规划、交通运输业发展规划等,然后从政府投资项目储备库中选取。

浙江省政府投资项目管理办法

第二条　本办法所称的政府投资项目,是指县级以上人民政府利用下列资金所进行的固定资产投资项目:

(一)财政预算安排的建设资金;

(二)纳入财政预算管理的专项建设资金;

(三)政府融资以及利用国债的资金;

(四)国际金融组织和外国政府的贷款、赠款;

(五)转让、出售、拍卖国有资产及其经营权所得的国有资产权益收入;

(六)土地使用权出让金;

(七)法律、法规规定的其他政府性资金。

第三条　政府投资分为直接投资、资本金注入和投资补助、转贷、贷款贴息等方式,本办法只适用于直接投资、资本金注入方式的政府投资项目,采用投资补助、转贷、贷款贴息的政府投资项目,另行制定管理办法。

第十一条　政府投资项目实行项目储备制度。

根据国民经济和社会发展中长期规划、区域规划、专项规划和发展建设规划,由政府有关部门和项目业主开展政府投资项目前期工作,并经投资综合管理部门组织咨询论证后列入政府投资项目储备库。

列入政府投资计划的项目,应当从政府投资项目储备库中选取。

2. 审批制物流项目行政报批程序

1)审批的主管部门

先由政府投资综合管理部门(发改部门)审批物流项目建议书,审查决定项目是否立项;再对可行性研究报告进行审查,决定项目是否建设。

政府其他管理部门,如城乡规划、国土资源、环境保护、交通运输等部门,会同发改部门建立项目管理联动机制,分别在各自职能范围内对项目实行管理。

浙江省政府投资项目管理办法

第四条　县级以上人民政府发展改革行政主管部门为政府投资项目的综合管理部门(以下简称投资综合管理部门),负责政府投资项目规划和计划的编制、组织实施、协调监督等综合管理工作。

财政部门负责政府投资项目资金财务活动的监督管理。

审计部门负责政府投资资金的执行情况、竣工决算的审计监督。

经贸、国土资源、环境保护、建设、农业、水利、交通、海洋、卫生、教育、国有资产、监察等有关政府部门,按各自职责对政府投资项目进行管理和监督。

第十四条　投资综合管理部门在批复项目建议书、可行性研究报告前应组织进行咨询评估,并征询财政、行业主管部门的意见。

对经济、社会和环境影响重大的,社会公众普遍关注的公益性建设项目,应当采取听证会、征询会等方式广泛征求社会各界和公众的意见。

第十五条　项目可行性研究报告批准前,规划建设部门应当提出规划选址意见;国土资源部门应当提出用地预审意见;环保部门应当提出环境影响评价的审批意见。

综合货运站(场)、零担货运站、集装箱中转站、站场集疏运通道等基础设施(不属于城市道路),发改部门在批复其项目建议书、可行性研究报告前,应征询行业主管部门(交通运输部门)的意见。

2)项目报批的程序

第一步:项目单位编制概念性规划和项目建议书,向发改部门等项目审批部门报送项目建议书,审批部门会同相关部门对项目建议书进行评估;

第二步:项目单位依据项目建议书批复文件分别向城乡规划、国土资源和环境保护等政府部门申请办理规划选址预审、用地预审和环境影响评价审批手续;银行出具的资金验证(自筹、财政支持、贷款承诺);

第三步:项目单位向发改部门等项目审批部门申报可行性研究报告,并附规划选址预审、用地预审和环境影响评价审批文件,审批部门会同相关部门对项目可研进行评估;

第四步:项目单位依据可行性报告批复文件,向城乡规划部门申请办理规划许可手续(选址意见书、建设用地规划许可证和建设工程规划许可证),向国土资源部门申请办理正式用地手续(国有土地使用证);

第五步:项目单位依据相关批复文件,向建设主管部门申请办理项目开工手续。

政府投资物流项目审批程序见图1-1。

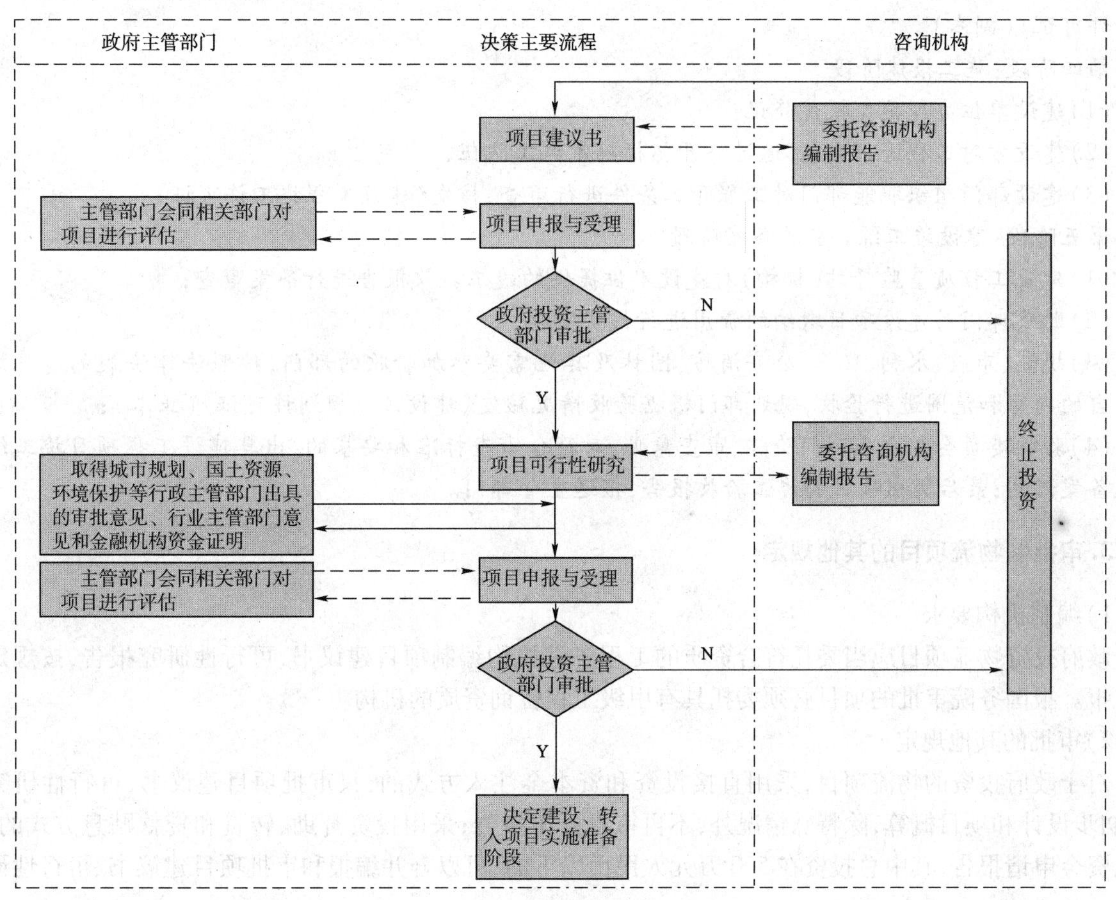

图1-1 政府投资物流项目审批程序

案例:浙江某物流中心建设报批程序

该物流中心(以货运站场为主要功能)的立项审批、建设审批流程按照国家有关法律法规规定,主要分为五大阶段:

第一阶段:立项审批和选址定点阶段。

(1)发改部门进行项目立项和可行性研究报告审批;

(2)国土部门根据土地利用规划对用地性质和土地供应方式审查,办理《国有土地使用证》;

(3)环保部门办理生产性项目环境影响评价文件;

(4)地震、园林、水利等相关部门对工程相关专业内容和范围进行审查;

(5)规划部门办理项目《选址意见书》。

第二阶段:规划总图审查及确定规划设计条件阶段。

(1)人防办进行人防工程建设布局审查;

(2)公安消防、交通、水利、城管、环保、园林对建设工程相关专业内容和范围进行审查;

(3)取得国有土地使用权后,规划部门核发《建设用地规划许可证》,确定建设工程规划设计条件。

第三阶段:初设和施工图设计审查。

(1)规划部门对初设要求进行审查;

(2)公安消防、人防、交通、市政、水利、环保对建设工程初设相关专业内容和范围进行审查;

(3)主管部门进行初设批复,并对落实初设批准文件的要求进行审查;

(4)建设部门对施工图设计文件政策性审查,根据业主单位要求,核发技术性审查委托通知单;

(5)建设部门根据施工图文件审查机构发出《建设工程施工图设计文件审查报告》,发放《建设工程施工图设计文件审查批准书》;

(6)规划部门审查修建性详细规划,对变更部分的规划设计补充核准规划设计条件,核发《建设工程规划许可证》(副本)。

第四阶段:施工报建阶段。

(1)建设单位办理施工报建登记;

(2)建设方对工程进行发包,通过公开招标确定施工队伍;

(3)建设部门组织职能部门对工程开工条件进行审查,核发《建筑工程施工许可证》。

第五阶段:建设竣工综合验收备案阶段。

(1)建筑工程质量监督站(机构)对建设单位提供的竣工验收报告进行备案审查;

(2)财政部门对建设项目缴纳的费用进行核实验收;

(3)规划、市政、水利、环保、公安消防、园林及其他需要参加验收的部门,按照法律法规的有关规定对各自的内容和范围进行验收,规划部门根据验收情况核发《建设工程规划许可证》(正本);

(4)验收委员会综合各部门验收、审查意见,对符合审查标准和要求的,出具建设工程项目竣工综合验收备案证明;最后提出项目的竣工验收报告,报送主管部门。

3. 审批制物流项目的其他规定

1)编制机构要求

政府投资物流项目应当委托符合资质的工程咨询机构编制项目建议书、可行性研究报告,按规定程序申报。报国务院审批的项目必须委托具有甲级工程咨询资质的机构。

2)审批的其他规定

对于政府投资的物流项目,采用直接投资和资本金注入方式的,只审批项目建议书、可行性研究报告、初步设计和项目概算,除特殊情况外,不再审批开工报告;采用投资补助、转贷和贷款贴息方式的,只审批资金申请报告;其中总投资在500万元人民币以下的,可以合并编报和审批项目建议书、可行性研究报告。

项目概算若超过投资估算10%以上的,或超过金额在500万元以上的,其他超过投资估算应当予以报告的,项目可行性研究报告应当重新报请原审批机关批准。

(二)核准制物流项目的报批

1. 核准制物流项目的范围和来源

企业投资物流项目纳入《政府核准的投资项目目录》、《外商投资产业指导目录》和《浙江省企业投资项目核准目录》的规定,实行核准制报批。

根据《浙江省企业投资项目核准目录》,物流项目涉及港口集装箱专用码头,煤炭、矿石、油气专用泊位的采用核准制。

(三)水运	国家级核准目录	省级核准目录
煤炭、矿石、油气专用泊位	新建港区和年吞吐能力200万吨及以上项目由国务院投资主管部门核准	除新建港区和年吞吐能力200万吨及以上项目外,其余项目由省级企业投资项目主管部门核准
集装箱专用码头	由国务院投资主管部门核准	

根据国家发改委颁布的《外商投资项目核准暂行管理办法》,外商投资物流项目,包括中外合资、中外合作、外商投资企业增资等各类外商投资物流项目采用核准制。如站场设施的建设、经营(限于合资、合作),港口公用码头设施的建设、经营,自动化高架立体仓储设施、运输业务相关的仓储设施建设、经营。

浙江省企业投资项目核准和备案暂行办法

第五条　企业投资项目区别不同情况实行核准制和备案制。各级企业投资项目主管部门依据国家颁布的《政府核准的投资项目目录》、《外商投资产业指导目录》和《浙江省企业投资项目核准目录》的规定,对企业投资项目实行核准制。其他企业投资项目,实行备案制。外商投资项目和境外投资项目实行核准制。

2. 核准制项目行政报批程序

1)核准的主管部门

各级政府发改部门和经贸部门是企业投资项目的主管部门。

各级政府发改部门负责企业基本建设投资项目的核准、外商投资基本建设项目的核准。

各级政府经贸部门负责企业技术改造投资项目的核准,外商投资技术改造项目的核准。如自动化高架立体仓储设施、运输业务相关的仓储设施的改造升级等。

企业投资核准项目内容涉及行业主管部门的,企业投资项目主管部门应以并联方式征求相关行业主管部门的意见。综合货运站(场)、零担货运站、集装箱中转站、站场集疏运通道等基础设施,行业主管部门为交通运输部门。

浙江省企业投资项目核准和备案暂行办法

第八条　按照国家《政府核准的投资项目目录》、《外商投资产业指导目录》和《浙江省企业投资项目核准目录》的规定,实行核准制的企业投资项目,项目申请人应当编制《项目申请报告》,经项目所在地企业投资项目主管部门初审后,报省或省以下企业投资项目主管部门核准。

省属企业投资项目可直接报省级企业投资项目主管部门核准,并附项目所在地企业投资项目主管部门意见。

外商投资产业指导目录

总投资(包括增资)3000万美元(含)~5000万美元(不含)的鼓励类、允许类项目(如上述提到的外商投资项目)由市级企业投资项目主管部门或国家级开发区管委会核准,3000万美元(不含)以下项目根据隶属关系由市和市以下企业投资项目主管部门或国家级开发区管委会核准。

2)项目核准的程序

核准制项目在办理各项行政管理手续过程中,应按照政府主管部门的相关标准、规范和格式准备各类项目文件和报告。核准程序如下。

第一步:项目单位编制概念性规划和核准申请报告,分别向城乡规划、国土资源和环境保护部门申请办理规划选址预审、用地预审和环境影响评价审批手续;

第二步:履行相关手续后,项目单位向发改等项目核准部门申报核准项目申请报告,并附规划选址预审、用地预审和环境影响评价审批文件;

浙江省企业投资项目核准和备案暂行办法

第十条　项目申请人在向企业投资项目主管部门报送项目申请报告时,应当附送以下文件:

(一)城市规划行政主管部门出具的规划选址意见;

(二)国土资源行政主管部门出具的项目用地预审意见;

(三)环境保护行政主管部门出具的环境影响评价文件的审批意见;

(四)其他有关法律、法规规定应当提交的文件。

第三步:项目单位依据项目核准文件,向城乡规划部门申请办理规划许可手续(选址意见书、建设用地规划许可证和建设工程规划许可证),向国土资源部门申请办理正式用地手续(国有土地使用证);

第四步:项目单位依据相关批复文件向建设主管部门申请办理项目开工手续。

3. 核准制物流项目的其他规定

已核准项目发生以下重大变更的,应当重新办理核准手续:项目投资主体发生变更的;项目建设地点发生变更的;项目建设规模、产品方案发生重大变更的;总投资超过原核准投资额 20% 以上的。

项目核准文件的有效期为两年。项目在有效期内未开工建设也未向原核准的企业投资项目主管部门申请延期的,原项目核准文件自动失效。

(三)备案制物流项目的报批

1. 备案制物流项目的范围和来源

不使用中央政府资金和地方政府投资的项目,不符合核准制的其他企业投资项目,实行备案制。大多数的物流项目采用的是备案制。备案制的物流项目由企业自主决策,但需向政府备案管理部门提交备案申请。履行备案手续后方可办理其他手续。

2. 备案制项目行政报批程序

1)备案的主管部门

各级政府发改部门负责企业基本建设投资项目的备案。各级政府经贸部门负责企业技术改造投资项目的备案,如甩挂运输的技术改造。

企业投资项目备案实行属地管理。省级企业投资项目主管部门主要负责跨市域的企业投资项目的备案;其他企业投资项目的备案由项目所在地的企业投资项目主管部门负责。已备案的项目,企业投资项目主管部门应告知行业主管部门,综合货运站(场)、零担货运站、集装箱中转站、站场集疏运通道等交通基础设施,行业主管部门为交通运输部门。

浙江省企业投资项目核准和备案暂行办法

第二十六条　国土资源、环境保护、城市规划、建设管理、金融等部门,应按照各自职责对已备案项目实行并联办理许可等手续,并将办理结果及时反馈企业投资项目主管部门。

省级企业投资项目主管部门会同有关部门建立企业备案项目并联许可制度。有关部门对已备案项目,自收到之日起 20 个工作日内作出行政许可决定,可以当场作出行政许可决定的,应当及时办理。整个并联许可办理时间不得超过 45 个工作日。

第二十七条　已备案的项目,企业投资项目主管部门应告知行业主管部门,并向社会公开,引导社会投资,接受社会监督。

2)项目备案的程序

办理企业投资项目备案,由项目业主按照备案规定向企业投资项目主管部门提交项目备案材料。具体程序如下。

第一步:实施备案制的企业投资项目单位编制概念性规划,向发改部门等企业投资项目主管部门办理备案手续;

第二步:备案后分别向城乡规划、国土资源和环境保护部门申请办理规划选址、用地和环境影响评价审批手续;

第三步:项目单位依据相关批复文件,向建设主管部门申请办理项目开工手续。

企业投资物流项目(核准/备案)程序见图 1-2。

3. 备案制物流项目的其他规定

浙江省企业投资项目核准和备案暂行办法

第三十四条　自然人、个体工商户、个人合伙等投资建设的项目和事业单位、社会团体投资的不属于政府投资的项目,参照本办法执行。

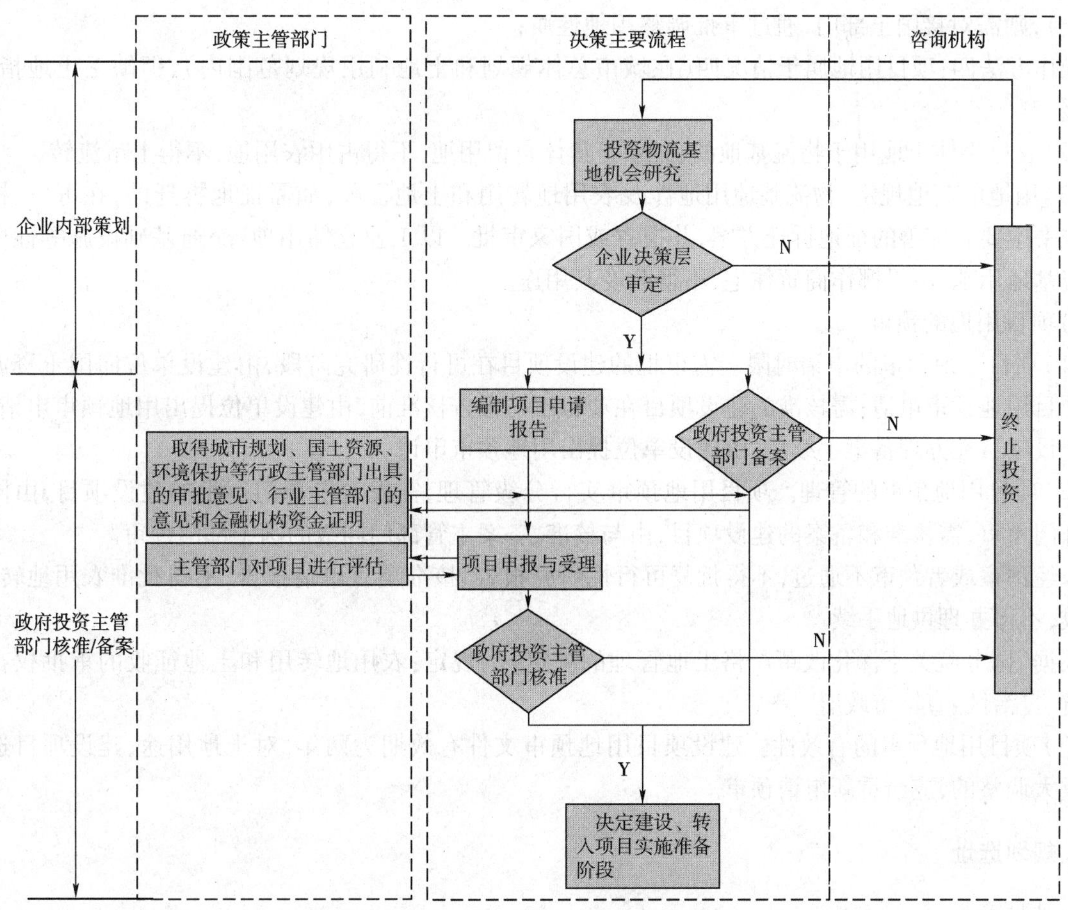

图 1-2　企业投资物流项目(核准/备案)程序

项目备案的有效期为 1 年。项目在有效期内未开工建设也未向原备案的企业投资项目主管部门申请延期或重新备案的,原项目备案文件自动失效。

(四)相关职能部门的审查

1. 项目用地

1)项目用地的前期工作

项目用地分为国有土地和集体土地。其获取方式包括划拨、出让和租用等。

(1)物流基地国有用地的取得必须满足三个制约条件(见表 1-1),一是获得用地指标;二在城市总体规划范围内;三是符合城市土地利用规划的用地性质。以下介绍四种现实情况的操作方法。

项目用地的制约条件和四种情况　　表 1-1

制约条件	情况一	情况二	情况三	情况四
土地指标	√	√	√	×
城市土地利用总体规划(用地性质)	√	×	×	√
城市总体规划	√	×	√	√

操作方法一:项目用地属于情况一(有土地指标、在规划范围内并符合物流用地性质),项目方通过土地交易中心,招拍挂获得土地的使用权;

操作方法二:项目用地属于情况二(有土地指标,但在城市规划范围外),则需对接规划部门,调整城市总体规划,将其纳入城市规划范围;

操作方法三:项目用地属于情况三(有土地指标,在城市规划范围内,但不符合土地利用规划中的用

地性质),则需对接国土部门,通过审批调整用地性质;

操作方法四:项目用地属于情况四(在城市总体规划和土地利用规划范围内),但缺乏土地指标,项目暂缓。

(2)农村集体土地用于物流基地的,必须是集体自留用地,不得占用农用地,不得上市流转。

(3)用地的其他规定:物流基地用地涉及农用地转用和土地征收,如需征地拆迁的,在可研、核准申请报告书中要有完善的征地拆迁方案,并报省或国家审批。以工业仓储用地、交通基础设施等性质出让的物流基地用地,不得挪作商贸住宅,不得改变其用途。

2)项目用地的预审

(1)项目土地预审的申请时限。需审批的建设项目在可行性研究阶段,由建设单位向国土资源部门提出项目用地预审申请;需核准的建设项目在项目申请报告核准前,由建设单位提出用地预审申请;需备案的建设项目在办理备案手续后,由建设单位提出用地预审申请。

(2)项目用地预审的管理。项目用地预审实行分级管理,需发改等部门审批的建设项目,由同级的国土部门预审;需核准和备案的建设项目,由与核准、备案主管部门同级的国土部门预审。

未经预审或者预审不通过,不得批复可行性研究报告、核准项目申请报告;不得批准农用地转用、土地征收,不得办理供地手续。

根据《国务院关于深化改革严格土地管理的决定》的规定:农用地转用和土地征收的审批权在国务院和省、自治区、直辖市政府。

(3)项目用地预审的有效性。建设项目用地预审文件有效期为两年,对土地用途、建设项目选址等进行重大调整的,应当重新申请预审。

2.规划选址

1)选址意见书

(1)适用的条件和申请的时限。按照国家规定需要有关部门批准或者核准的建设项目,以划拨方式提供国有土地使用权的,建设单位在报送有关部门批准或者核准前,应当向城乡规划主管部门申请核发选址意见书。

(2)选址意见书的管理。选址意见书由建设项目所在地的城乡规划主管部门核发;国务院及其有关部门批准、核准的建设项目,以及省有关部门批准、核准的重大物流建设项目,选址意见书由省级城乡规划主管部门核发。

2)建设用地规划许可证

(1)土地划拨方式。以划拨方式取得国有土地使用权的物流项目,经有关部门批准或核准或备案后,项目单位向城乡规划主管部门提出建设用地规划许可申请,由城乡规划主管部门依据控制性详细规划核定建设用地的位置、面积、允许建设的范围,核发《建设用地规划许可证》。

项目单位在取得《建设用地规划许可证》后,方可向国土部门申请用地。

(2)土地出让方式。以出让方式取得国有土地使用权的物流项目,在签订国有土地使用权出让合同后,项目单位持项目的批准或核准或备案的文件和国有土地使用权出让合同,向城乡规划主管部门领取《建设用地规划许可证》。

3)建设工程规划许可证

物流项目建设单位向城乡规划主管部门申请办理《建设工程规划许可证》,应当提交使用土地的有关证明文件、建设工程设计方案等材料。需要编制修建性详细规划的物流项目,还应当提交修建性详细规划。对符合控制性详细规划和规划条件的,由城乡规划主管部门核发《建设工程规划许可证》。

城乡规划主管部门依法将经审定的修建性详细规划、建设工程设计方案的总平面图予以公布。

4)建设用地规划条件

规划条件根据控制性详细规划、专项规划和建设项目的具体情况确定,一般包括:项目用地的位置和面积、使用性质、建筑密度、绿地率、容积率,允许建设的范围、建筑高度、配套建设的基础设施和公共服务设施等。

项目单位按照规划条件进行建设；确需变更规划条件的，应当经城乡规划主管部门批准。

3. 环境影响评价和节能评估

1）环境影响评价文件的编制

物流项目建设单位委托具有环评资质的环评机构（甲、乙级）编制环境影响评价文件。

（1）可能造成重大环境影响的，应当编制环境影响报告书；

（2）可能造成轻度环境影响的，应当编制环境影响报告表；

（3）对环境影响很小、不需要进行环境影响评价的，只填报环境影响登记表。

2）建设项目环境影响评价文件的审批管理

（1）审批的单位。综合货运站（场）、零担货运站、集装箱中转站、站场集疏运通道（不属于城市道路），其环境影响报告书或者环境影响报告表经交通运输部门预审后，报有审批权的环境保护行政主管部门审批。

环境影响报告书中的水土保持方案必须先经相应行业主管部门审查同意，如水务局、水利厅。

（2）审批的时限。实行审批制的物流项目，建设单位在报送可行性研究报告前报批环境影响评价文件；核准制的物流项目，在提交项目申请报告前报批环境影响评价文件；备案制的物流项目，在办理备案手续后和开工前报批环境影响评价文件。

3）节能评估

项目节能评估按照物流项目建成后年能源消费量，实行分类管理。

（1）年综合能源消耗量 3000 吨标准煤以上（含 3000 吨标准煤）或电力消耗量 500 万千瓦时以上，或年石油消耗量 1000 吨以上的资产投资项目，应单独编制节能评估报告书；

（2）年综合能源消费量 1000 ~ 3000 吨标准煤（不含 3000 吨），或年电力消费量 200 万 ~ 500 万千瓦时（不含 500 万千瓦），或年石油消费量 500 ~ 1000 吨（不含 1000 吨），应单独编制节能评估报告表（如某物流中心年电力消费量 200 万千瓦时）；

（3）上述以外的项目，填写节能登记表。

项目节能审查实行分级管理。审批或核准制的投资项目，项目单位应在报送可行性研究报告或项目申请报告时，一同报送节能评估文件提请审查或报送登记表进行登记备案。

节能审查机关收到项目节能评估文件后，委托有关机构进行评审，形成评审意见，与项目审批或核准文件一同印发。

4. 交通部门审查

（1）根据《道路货物运输及站场管理规定》，县级以上交通运输部门负责组织领导本行政区域的道路货物运输站（场）管理工作。道路货物运输站（场）是指以场地设施为依托，为社会提供有偿服务的具有仓储、保管、配载、信息服务、装卸、理货等功能的综合货运站（场）、零担货运站、集装箱中转站、物流中心等经营场所。

道路货物运输站（场）建成后，应当按照批准或者核准的功能定位投入使用，不得擅自变更用途。

（2）参照《浙江省道路运输条例》，市、县政府编制城市总体规划和批准交通运输相关专项规划以及物流相关规划时，应当合理确定道路货运站（场）及配套设施的规划用地面积，并通过资金补助等措施扶持站（场）建设。

（3）交通影响评价应根据《浙江省道路运输条例》，新建、改建、扩建货运站（场），建设单位应当组织对站（场）的集疏运能力、作业能力、功能定位、交通影响、区位布局合理性等进行分析评估，据此编制可行性研究报告。

（4）对于物流基地内的危化品项目，根据《危险化学品安全管理条例》，交通运输主管部门应负责危险化学品道路运输、水路运输的许可及运输工具的安全管理，对危险化学品水路运输安全实施监督，负责危险化学品道路运输企业、水路运输企业驾驶人员、船员、装卸管理人员、押运人员、申报人员、集装箱装箱现场检查员的资格认定。

新建、改建、扩建储存、装卸危险化学品的港口物流建设项目,由港口行政管理部门按照国务院交通运输主管部门的规定进行安全条件审查。用于危险化学品运输作业的内河码头、泊位,经交通运输主管部门按照国家有关规定验收合格后方可投入使用。

二、建设准备

文件依据:

(1)《中华人民共和国招标投标法》;

(2)《建设工程勘察设计管理条例》;

(3)《浙江省政府投资项目管理办法》;

(4)《企业投资核准项目初步设计审查的若干规定》;

(5)《建设工程项目管理规范》;

(6)《关于实施公路建设项目施工许可工作的通知》。

(一)建设准备的流程

准备阶段包括物流基地的工程勘察、设计、融资、工程和货物采购、招投标等内容。其基本流程如下:

第一步:工程勘察。委托具有相应资质的勘察单位,根据工程项目要求,查明、分析评价拟建工程建设场地的地质地理环境特征和岩土工程条件;编制工程勘察文件,为物流项目的设计和施工提供依据。

第二步:工程设计审查。分为初步设计审查和施工图设计审查。建设单位委托具有相应资质的设计单位根据相关标准编制项目初步设计和施工图设计,报政府主管部门审查,并报消防验收。

第三步:工程项目融资。项目单位出具自有资金证明文件、政府配套资金落实证明材料和银行贷款的承诺函。

第四步:工程招标和货物采购。施工图审查后,通过招标或其他方式选择一家或数家合格的项目监理方以及施工承包商,对建设工程所需的设备、材料、工器具等的购买。

第五步:施工报建。建设单位办理施工报建登记;建设主管部门组织职能部门对工程开工条件进行审查,核发《建筑工程施工许可证》。

物流项目建设准备、实施流程如图 1-3 所示。

(二)工程设计审查

1. 初步设计审查

物流项目初步设计的审查分为项目单位自行组织的经济技术方案审查和政府投资主管部门主持的审查。

项目单位组织的初步设计审查主要是审查初步设计方案是否符合项目单位要求和已批复的可行性研究报告,确定是否可以转入施工图设计阶段;政府投资主管部门审查主要是对物流基地的设计方案、设计深度、重大技术问题处理措施、交通集疏运的问题及设计概算进行审查。初步设计一经审定,不可随意变更。

政府投资主管部门审查的项目范围包括政府投资的项目以及由国家、省发改委核准的企业投资项目,其初步设计由发改部门牵头,邀请当地建设、规划、国土资源、交通运输、环保、消防、勘察等部门参加,进行专题评审。货运站、集装箱中转站以及交通基础设施等初步设计征求交通主管部门意见后批准。

2. 施工图设计审查

施工图应由具有相应审图资质的第三方机构审查,且应符合工程建设的强制性标准。施工图强审能

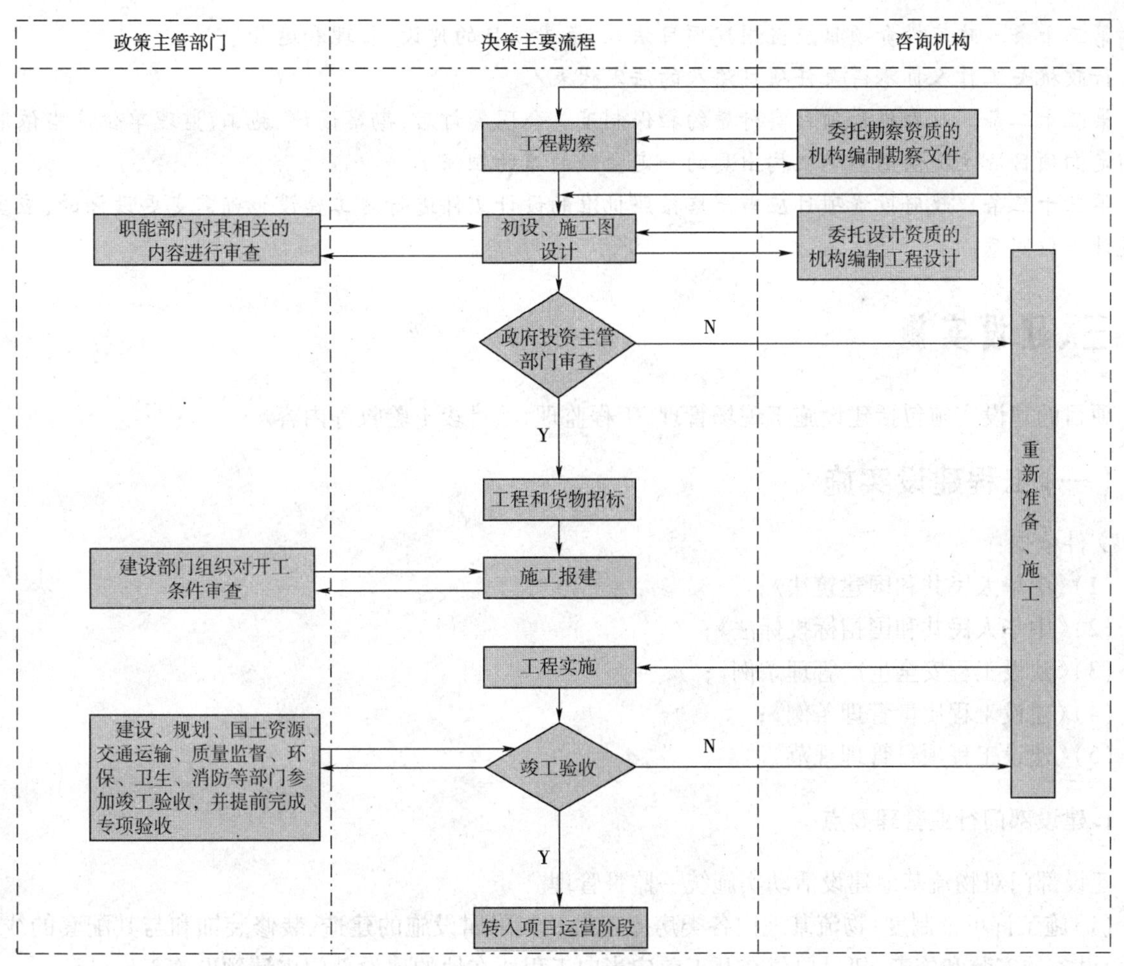

图 1-3　物流项目建设准备、实施流程

否通过，一般作为建设部门是否颁发项目施工许可证的前提条件。

货运站、集装箱中转站以及交通基础设施建设施工图设计应征求交通主管部门意见后批准。

(三)政府投资项目建设准备的相关政策规定

浙江省政府投资项目管理办法

第十六条　委托符合资质的设计单位依照批准的可行性研究报告编制初步设计和项目概算。

第十七条　初步设计和项目概算由投资综合管理部门委托符合资质的工程咨询机构进行评估，并征询财政、行业主管部门意见后批准。

第十八条　有下列情形之一的，项目概算应当报原批准机关重新审批：项目概算应当报原批准机关重新审批：超过项目概算10%以上的；超过金额在500万元以上的；其他超过投资概算应当予以报告的。

第十九条　项目业主应当依照批准的初步设计和项目概算，遵循概算控制预算的原则进行施工图设计，合理确定工程造价。

第二十条　政府投资项目的勘察、设计、施工和监理以及与工程建设有关的重要设备、材料等采购，应当依法实行招标。

工程设计依法应当招标而未招标的，不得批准初步设计。

第二十一条　政府与其他出资人共同投资的项目，各方资金应当同步到位。

第二十二条　政府投资项目逐步实行财政直接拨付资金制度。

项目业主凭批准文件和设计、施工、监理等合同以及项目业主负责人签署的拨款申请，到财政部门办理拨款手续；财政部门经审核后直接向设计、施工、监理或设备供应等单位拨付建设资金。政府以资本金注入的，由财政部门直接拨付给项目业主。

第三十条　政府投资项目应当组建项目法人,负责项目的建设、管理和运营。

行政机关工作人员不得兼任项目法人的法定代表人。

第三十二条　政府投资项目实行履约担保制度。合同签订后,勘察设计、施工、监理单位应当依照合同约定向项目业主提供由金融机构出具的一定金额的履约担保函。

第三十三条　政府投资项目应当严格按照批准的设计文件进行施工建设。确需变更设计的,应当经原设计单位同意。

三、建设实施

项目的建设实施包括建设施工现场管理、工程监理、项目竣工验收等内容。

(一)工程建设实施

文件依据:

(1)《中华人民共和国建筑法》;

(2)《中华人民共和国招标投标法》;

(3)《建设工程安全生产管理条例》;

(4)《建设工程质量管理条例》;

(5)《建设工程项目管理规范》。

1. 建设部门行业管理要点

建设部门对物流基地建设活动实施统一监督管理。

(1)施工许可证制度:物流基地内各类房屋建筑及其附属设施的建造、装修装饰和与其配套的线路、管道、设备的安装和施工,建设单位在开工前应当向工程所在地的建设部门申请领取施工许可证。

(2)从业资格:从事物流基地建设的施工企业、勘察单位、设计单位和工程监理单位,按照其拥有的注册资本、专业技术人员、技术装备和已完成的建筑工程业绩等不同的资质条件,取得相应等级的资质证书后,方可在其资质等级许可的范围内从事建筑活动。

(3)发承包制度:物流基地建设项目包括勘察、设计、施工、监理以及物流相关的重要设备、材料等采购,必须进行招标。禁止承包单位将其承包的全部建筑工程(或肢解后)转包给他人。

(4)监理制度:物流基地工程监理应当依照法律、行政法规及有关的技术标准、设计文件和建筑工程承包合同,对承包单位在施工质量、建设工期和建设资金使用等方面,代表建设单位实施监督。

(5)安全和质量管理:从事新建、扩建、改建等物流基地,工程设计应当符合按照国家规定制定的建筑安全规程和技术规范,必须执行工程建设强制性标准。工程建设强制性标准是指直接涉及工程质量、安全、卫生及环境保护等方面的工程建设标准强制性条文。

2. 建设工程施工现场管理

现场管理是业主单位对于监理、施工单位和进度投资安全质量控制的管理规定。根据《建设工程施工现场管理规定》,现场管理分为一般管理规定、文明施工管理、环境管理等,其主要内容如下:

(1)建设工程开工前,建设单位或者发包单位应当指定施工现场总代表人,施工单位应当指定项目经理;项目经理全面负责施工过程中的现场管理,建立施工现场管理责任制,并组织实施。

(2)建设工程实行总包和分包的,由总包单位负责施工现场的统一管理,监督检查分包单位的施工现场活动。分包单位应当在总包单位的统一管理下,在其分包范围内建立施工现场管理责任制,并组织实施。

(3)施工单位必须编制建设工程施工组织设计。建设工程实行总包和分包的,由总包单位负责编制施工组织设计或者分阶段施工组织设计。分包单位在总包单位的总体部署下,负责编制分包工程的施工组织设计。

(4)建设工程竣工后,建设单位与设计、施工单位共同编制工程竣工图,并向有关主管部门提交竣工验收报告。

(5)施工单位按照施工总平面布置图设置各项临时设施。堆放大宗材料、成品、半成品和机具设备,不得侵占场内道路及安全防护等设施。

(6)施工单位执行国家有关安全生产和劳动保护的法规,建立安全生产责任制。

(7)施工单位严格依照《中华人民共和国消防条例》的规定,在施工现场建立和执行防火管理制度,设置符合消防要求的消防设施。

(8)施工单位应遵守国家有关环境保护的法律规定,采取措施控制施工现场的各种粉尘、废气、废水、固体废弃物以及噪声、振动,以减小对环境的污染和危害。

3. 工程和设备监理

物流项目工程监理的中心任务是“三控三管一协调”,即控制工程、设备的进度和质量,以及控制工程造价和设备投资,工程和设备的安全管理、合同管理和信息管理;协调各种矛盾和问题。

案例:某物流基地工程建设项目标后管理办法(试行)

第一章 总 则

第一条 为加强公司工程建设项目的监督管理,确保建设项目按照招标文件、中标单位的投标文件承诺和工程合同约定组织实施,提高工程效益,保证工程质量,根据有关工程建设的法律法规和上级文件精神,结合公司实际,制定本办法。

第二条 本办法所称标后管理是指公司工程建设项目在招标投标和中标后,公司对项目管理及施工、监理、设备材料供应等单位执行工程建设法律法规和合同履行等情况进行监督、检查和管理的一系列活动。

第三条 标后管理的重点内容是合同订立和履行情况、分包管理、项目班子的到位率与变更、工程变更的控制、工程质量和进度管理、资金使用和管理以及廉政建设等。

第四条 公司及其下属单位的招标工程建设项目,其标后的监督管理,适用本办法。

第五条 其中以下项目列为重点管理项目:

一、列入政府重点的工程建设项目;

二、中标价在1000万元以上的工程建设项目;

三、在招投标过程中报价竞争不充分的工程项目;

四、其他需要进行重点跟踪管理的工程项目。

第二章 管理机构及职责

第六条 工程建设项目管理领导小组。

公司成立工程建设项目领导小组,其成员由公司领导和相关业务部门负责人组成。组长由董事长担任,副组长由总经理和纪委书记、监事会主席担任。

公司建设项目领导小组是公司工程建设项目的最高决策机构,决定公司工程建设项目的方针、政策,负责决定公司建设项目工作中的重大事项,应定期或不定期听取建设项目工作情况汇报,协调解决重点建设计划执行中投资到位、建设进度、工程变更等重大问题情况。

第七条 工程建设项目监督工作小组。

公司设立工程建设项目监督工作小组,公司纪委书记任组长,成员由纪检、工会、审计、计划发展部、安保部等部门主要负责人组成。

建设项目监督工作小组是工程建设项目监督机构,独立行使工程建设项目工作全过程监督审计的职责。其标后监督管理的主要职责是:

一、监督检查项目建设办、施工方和监理方是否严格遵守《工程廉政合同》,对工程廉政方面的举报

和投诉信件进行调查处理;

二、监督检查项目建设办的工程管理工作是否严格规范;

三、参与经济合同签订和执行情况的监督,参与安全生产事故的调查处理;

四、对工程建设资金流向、拨付、使用、结算进行监督,对建设资金的使用情况和财务管理中的薄弱环节,进行定期或不定期的督查。形成事前参与、事中监控、事后检查的监管工作格局;

五、对工程变更、工程竣工验收、结算过程进行监督。

第八条　计划发展部是公司工程建设项目管理的职能部门。其标后管理的主要职责是:

一、建立和完善工程建设项目配套管理制度和规范的项目管理工作流程;

二、负责公司建设项目的技术及施工管理工作,跟踪工程建设进度,监督工程质量,参加工程竣工验收与决算;

三、对设计与工程变更、工程签证单进行审核或组织论证;

四、协助财务、审计部门做好项目建设资金管理和工程决算审计工作。

第九条　工程建设项目管理办公室。

对公司重点工程项目,公司应成立工程建设项目管理办公室(以下简称建设办),对项目实施全过程现场管理。项目管理班子人员须报市建设局和招投标监管机构备案。

其标后管理的主要职责是:

一、根据法规要求和公司相关制度,建立与本项目规模、特点相适应的项目管理制度、管理工作流程和工作台账,落实管理人员的工作分工和岗位责任制;

二、编制工程项目总体进度计划,落实各项管理目标,全面协调解决项目实施中的具体问题;

三、根据施工合同,负责组织施工组织和计划审查,检查主要技术人员到岗情况,及时监督和制止施工单位转包、违法分包和挂靠行为;

四、根据监理合同,按有关规定检查项目监理机构人员到位情况,履行监理职责情况,严格要求监理机构和人员按章办事,规范监理;

五、掌握工程动态,控制项目工程施工质量和施工进度。当工程质量严重偏离合同要求,且造成不良影响时,授权下达停工令和返工令;

六、按《建设工程中标后实施管理月报表》的内容和要求,及时向行业管理部门和计划发展部报送管理月报表;

七、编制项目资金需求计划、年度基建支出预算计划、提出拨付资金要求和支付有关建设费用;

八、会同工程项目监理人员组织召开工程协调会,及时组织隐蔽工程验收和各种签证工作;

九、掌握施工工程材料与设备的品种、规格等质量要求,配合工程项目监理人员检查进入现场的材料、设备的质量;

十、组织工程竣工验收,参与工程结算工作,做好固定资产交接手续,及时交付使用;

十一、工程竣工验收后,组织整理施工技术材料,复核竣工图纸,做好图纸与资料的归档工作;

十二、工程保修期间跟踪工程的使用情况,及时联系施工单位对质量缺陷进行维修。

第三章　合同订立及履行管理

第十条　严格依照招投标文件签订合同,合同的主要内容不得违背招标文件、投标文件,在合同中要明确兑现施工单位投标时的种种承诺。

第十一条　合同签订时,不得另签补充协议,不得签订“阴阳合同”。

第十二条　合同的内容要全面、具体,责任义务要明晰,要有明确的履约担保和违约处罚条款。

第十三条　合同的签订应严格按规定流程办理。合同订立前必须经基建、财务、纪检、审计等相关职能部门负责人和法律顾问联合会签。

第十四条　施工合同采用行业规定的示范文本。自签订合同后 7 个工作日内将签订的合同报市招投标监管机构备案。项目在决算审计时采用的合同必须以招投标监督机构备案的合同文本为准。

第十五条　施工、监理单位出现违约情形的,建设办要及时以书面方式予以通报和督促整改。发生较大违约行为的，要同时书面报告市招投标监管机构，并按合同约定追究相应违约责任。严重违约、拒不整改且造成严重后果或可能造成严重后果的，经报公司建设项目领导小组研究并经市招投标监管机构同意后，应解除合同，责令其限期清场，及时办理已完工程质量验收和工程价款清算，并按合同约定追究相应责任。

第十六条　合同管理人员应严格监督合同的履行，对已履行结束后的合同要注销，并按公司档案管理有关规定归档。对不履行或不完全履行的合同，要查明原因，按合同审批权限及时报主管负责人。属于对方原因，经办人应尽快与之联系，督促履行或协商解决；属于我方原因，应尽快采取有效措施，保证合同履行，减少或避免经济损失。

第十七条　由公司审计部对各单位对外订立合同、履行合同进行审计监督。

第四章　工程分包管理

第十八条　公司建设项目严禁工程转包、违法分包和挂靠行为。

第十九条　转包、违法分包或挂靠行为的界定和查处按市招投标监管办《关于制止建设工程转包、违法分包及挂靠若干规定》执行。

第二十条　实行施工总承包的，如确需分包的项目，必须遵守以下规定：

一、依法分包的项目，投标人必须在投标文件中进行说明，否则中标后不得分包；

二、承包人分包计划必须报监理工程师审查并取得建设办同意、建设项目领导小组批准；

三、主体工程和关键性工程不得分包；

四、分包人的资格能力应与其分包工程的标准和规模相适应，具备相应的专业承包资质或劳务分包资质；

五、分包人的分包范围必须与合同约定的内容相符；

六、应提供分包人的企业法人营业执照、资质等级证书、人员设备等资料；

七、分包人不得将其承包的工程再分包；

八、工程分包不解除合同规定的承包人的任何责任和义务，承包人对分包工程质量、安全生产、工期和分包人在分包工程中的行为负全责。

第二十一条　建设办应建立健全项目分包考核确认制度，加强日常的动态检查和管理，及时发现和制止违法分包。

第二十二条　发现有转包、违法分包和挂靠行为的，要严格按合同约定追究相应违约责任，并报市招投标监督机构严肃处理。

第五章　对施工单位的管理

第二十三条　建设办应认真对照招投标文件及施工组织设计，检查施工管理机构配置是否符合要求。

第二十四条　建设办应认真对照招投标文件检查项目经理、技术负责人及主要现场管理人员（施工员、造价员、质检员、安全员、材料员、资料员等）是否到位。

第二十五条　建设办应对人员到位履行职责情况建立台账并建立严格的考勤制度。项目经理每天到工地现场考勤一次，其余主要管理人员每天考勤二次。

第二十六条　发现非中标施工单位进场或主要施工管理人员与投标承诺不一致时，建设办不得准予开工，不得支付工程款，同时追究施工单位违约责任，并报告招投标监管机构；

第二十七条　因特殊原因确需更换的，所变更人员的资格、业绩和信誉不得低于中标条件且必须经建设办审核同意，并将新人员的相关资料一并报送招投标监管机构备案。

第二十八条　建设办应考察施工管理人员工作态度及能力，对不称职的坚决要求予以撤换。

第二十九条　会同监理单位督促施工单位制定详细完整具有质量、安全和文明施工保证措施的方案，方案中应明确人力、设备和资金的准备投入情况以及各类应急预案。

第三十条　检查主要机械设备是否按招标文件、合同约定及工程进度需要及时到位。

第六章　对监理单位的管理

第三十一条　对照招投标文件及监理大纲检查机构配置是否符合要求,检查各实施阶段配备的监理人员是否满足现场管理要求。

第三十二条　建设办对人员到位履行职责情况应建立台账并按日进行记录,发现非合同约定的监理单位进场或主要管理人员与投标承诺不一致时,应追究监理单位违约责任,并报告招投标监管机构。

第三十三条　监理单位派驻现场的总监理工程师及主要监理人员因特殊情况确需更换的,所变更人员的资格、业绩和信誉不得低于中标条件且必须经建设办审核同意,并将新人员的相关资料一并报送招投标监管机构备案。

第三十四条　考察现场监理人员工作态度及能力,对不称职的坚决要求予以更换。

第三十五条　督促监理单位严格按照监理规范开展监理工作,采用旁站、巡视和平行检验等方式,加强对关键工序、关键部位、隐蔽工程和薄弱环节的重点监控。

第三十六条　检查监理日记、监理(工地)例会记录、监理月报、监理通知单等监理材料完整性。

第三十七条　督促监理单位对施工单位报送的月工程进度计划和月完成工程量进行认真仔细地审核。

第三十八条　对照招投标文件及监理大纲,检查检测设备配置是否符合要求。

第三十九条　监督监理人员有无损害建设单位利益情况,有无对施工单位吃拿卡要等行为。

第七章　工程变更控制

第四十条　建设项目应当严格按照批准的设计文件进行施工建设,不得随意变更设计的主要内容。由于技术或不可抗力原因需要变更设计、工程量增减的,工程设计变更程序应严格规范,由提出变更单位说明理由,公司组织原设计、监理、施工单位共同研究方案,并共同确认签字盖章。较大变更应送市招投标监管办备案。

第四十一条　严格控制在施工过程中利用施工洽商和现场签证提高建设标准、增加建设内容、提高工程造价。确需现场签证解决的,由施工方提出,经监理工程师审核后报公司按权限范围审批:

一、单张工程签证单签证金额在5万元人民币以下(含),由建设办负责复核,项目分管领导签字,送计划发展部备案;

二、单张工程签证单签证金额在5万元人民币以上20万以下须报计划发展部复核,总经理批准;

三、单次变更造价增加金额在20万以上200万元以下且占合同价10%以下,累计变更造价金额在500万元以下且占合同价20%以下的,由计划发展部组织论证,公司建设项目领导小组研究批准;

四、单次变更造价增加金额在200万元以上且占合同价10%以上,累计变更造价增加金额在500万元以上或占合同价20%以上的,还应报市国资局审批。

第四十二条　超出签证内容及范围的现场签证属无效签证。相关签证和记录必须手续完备,否则在工程款支付、资金结算审计时不予认可。

第八章　项目施工管理

第四十三条　建设办管理人员必须每天亲自到施工现场进行巡查督查,及时协助施工单位和监理单位处理施工过程出现的问题,并做好汇报和记录工作。

第四十四条　建设办应加强项目实施进度、质量、施工材料和安全生产的管理,确保项目按期保质完成。

第四十五条　项目进度管理:

一、施工单位应编制并上报符合项目工期进度要求的工程进度总体计划,单项工程进度计划,月、季、年度计划,进度计划作为进度考核管理控制的依据;

二、根据监理提交的季、月、周实际完成量,核对分解进度计划目标完成情况;

三、定期召开施工进度协调会议,分析影响进度的因素,采取有效的纠偏措施,对进度计划进行分析、协调、平衡和调整;

四、严格实行施工进度目标奖罚制度。

第四十六条　项目质量管理：

一、工程建设项目实行工程监理制，以确保工程质量管理的有效性；

二、建设办应建立全面的质量管理及检查机制，严格按照设计要求、国家现行建设工程施工及验收规范等相关法规、规范进行工程质量管理控制；

三、对监理方和建设办在工程施工日常检查中发现的问题，发《监理工程师通知单》或《工程通知函》要求施工方限期整改。建设办应建立登记和跟踪机制，跟踪监督施工整改落实情况，做好记录和存档；

四、对重点工序、重点部位节点应进行重点质量控制，参与隐蔽工程和分部、分项工程的检查、验收，已经检验定为不合格的，严禁转入下道工序；

五、定期召开质量管理协调会议，分析质量现状和趋势，找出影响施工质量的因素，制定质量保证措施，解决工程施工中出现的质量问题。

第四十七条　施工材料管理：

一、材料设备的规格、技术参数的确定，应尽可能保证有多家企业的产品能满足要求，避免出现技术壁垒等现象；

二、严格执行材料、设备进场验收、见证取样、送检制度。现场验证不合格的材料不得使用，并按规定清理出场；

三、提供材料原则上不推荐品牌，确实需要的必须至少推荐三家以上同等档次的品牌，并在充分考察、论证的基础上，采用招投标方式确定生产厂家及价格。

第四十八条　安全生产管理：

一、应成立由建设办牵头，监理、施工单位有关人员组成的项目安全生产领导小组，组织、协调、检查工程安全生产工作，研究安全生产工作的重大方案和措施；

二、建设办应与施工、监理单位签订安全协议，明确双方的安全责任和义务；

三、建设办应制定一套适合本项目实际情况的安全管理制度，建立完整的安全管理资料和台账；

四、建设办要督促施工、监理单位建立以本单位安全生产第一责任人为核心的分级负责的安全生产责任制，设立安全生产管理机构或配备与工程规模相适应的安全管理人员，建立健全安全生产管理制度和应急预案，确保安全设施和劳动保护投入到位；

五、建设办应组织监理单位和施工单位定期召开安全生产例会，开展安全检查，及时整改安全隐患。

第九章　项目资金管理

第四十九条　计划发展部和建设办应根据年度工程项目及资金需用计划，与财务部等有关部门综合平衡后作出年度工程资金使用计划。

第五十条　项目资金由建设办在每月底前根据工程预算和工程进度编制下月资金使用计划，送公司计划发展部、财务部各一份，经公司财务部审核后划拨款项。

第五十一条　财务部要确保项目款计划的落实，保证工程计划用款全额到位。

第五十二条　对没有申报用款计划的工程项目，财务部门拒绝办理付款手续，特殊情况需经总经理批准。

第五十三条　计划发展部应跟踪工程的投资使用状况，核对分解投资计划目标控制情况。

第五十四条　建设办应定期召开投资管理协调会议，分析影响投资控制的因素并制定保障措施，严格控制会引起工程造价增加的各类工程变更。

第五十五条　严格对施工单位工程款付款申请和已完工程量进行审核，按合同约定支付。

第五十六条　合同款项的支付，必须按照签订合同单位和合同指定的开户银行及银行账号汇付。

第十章　项目竣工决算审计管理

第五十七条　竣工验收由建设办牵头，质监部门、公司建设项目监督小组、计划发展部、建设办、设计单位、监理单位、施工单位相关人员参加。

第五十八条　竣工决算编报。项目完工后，建设办应及时组织人员会同设计、施工、监理等有关单位，共同编制项目竣工决算。竣工决算编报审批工作完成之前，原工程项目管理机构不得撤销，项目负责人及财务主管等有关人员原则上不得调离。

第五十九条　竣工决算审计组织实施：

一、初步竣工决算报告编制完成一个月内，应按规范程序组织社会审计机构实施竣工决算审计；

二、审计实施时，公司各相关部门应如实提供建设项目相关的账册、报表、合同、文件等资料，并提供必要的审计工作条件；

三、社会审计机构出具的审计报告作为建设项目竣工决算正式办理和审批的依据；

四、建设项目审计中查出的各类违规违纪问题，应按上级相关规定，认真整改，严肃处理。

第六十条　建设项目竣工决算未经审计，不得付清工程尾款，不得报批竣工决算。

第十一章　项目廉政监督管理

第六十一条　公司各单位、各部门应严格执行建设项目廉政建设的相关规定。

第六十二条　应签订廉政合同。建设项目的廉政合同分别由公司与项目建设办、建设办与施工单位、建设办与监理单位、监理单位与施工单位签订。

第六十三条　建设项目监督工作小组应加强对廉政合同执行情况的阶段性检查，若有违反，及时纠正，发现重大案件线索，及时进行查处或移送纪检、监察机关。

第六十四条　工程竣工后建设办、施工单位、监理单位必须如实填写《工程建设廉政合同履行情况报告》，建设项目监督小组对合同执行情况进行考核评分，考核结果报送市招投标监管机构。

第六十五条　加强项目审计。采用内部审计和社会化审计相结合的方式，按照“源头参与，过程控制，终结把关”原则，加强对工程建设资金流向、拨付、使用、结算的督查力度，严格执行工程合同不经审计不予履行，工程结算不经审计不予结算付款的规定。

第六十六条　建设办对重大建设项目情况、工程进展情况和变更事项要及时记录建档备案，并向项目建设领导小组和监督小组报告。

第六十七条　公司建设项目监督小组在招标人与中标人签订承包合同后对项目开始跟踪管理，每季度必须对重要建设项目进行不少于一次的综合性检查，形成检查材料，报送公司建设项目领导小组。

第十二章　附　则

第六十八条　本办法由公司建设项目监督工作小组负责解释。

第六十九条　本办法自发文之日起施行。

第七十条　本办法如与上级新规定不一致的，以上级规定为准。

(二)工程验收

项目验收分为阶段性验收和竣工验收。

(1)阶段性验收：对于如电梯、空调、新型墙体材料、建筑保温、防雷和大型桥梁试验等一般均采用阶段性验收。

(2)竣工验收：竣工验收是工程建设过程的最后一环，是全面考核基本建设成果、检验设计和工程质量的重要步骤，也是基本建设转入生产或使用的标志。所有完工的新建物流项目和物流技术改造项目都应进行竣工验收。

1. 工程项目竣工

项目竣工报告主要从工程质量、进度和造价方面检验总结项目的建设工作。主要内容包括对项目工程质量的预验收，编制竣工决算书和竣工资料准备。

2. 工程项目验收

政府投资物流项目的验收，实行分级管理。大中型和限额以上项目由国家或地方投资主管部门组织，成立验收委员会或验收小组。验收委员会可由政府投资、建设、规划、国土资源、交通运输、质量监督、环保、卫生、消防等行政单位组成，项目单位、勘察、设计、监理、施工单位等参加验收工作。验收委员会负责审查项目实施的各个环节，听取各有关方面的工作报告，审阅资料，实地考察工程及运营情况，全面评价项目的设计、施工、设备的质量、进度和成本,分析财务执行情况,考核投资效果。最后提出项目的竣工验收报告,报送主管部门。

企业投资物流项目的竣工验收应在质监部门的监督下,由业主单位根据相关的规定和流程组织勘察、设计、施工、监理等单位和其他方面的专家组成竣工验收小组,提出竣工验收报告,并在竣工前通过环保、人防、水保、消防等专项验收,报建设部门备案。

3. 政府投资项目竣工验收的相关政策规定

浙江省政府投资项目管理办法

第三十四条 政府投资项目建设完工后,项目业主应当编制工程结算和竣工决算,报财政部门审核。审计部门对政府投资项目概算的执行情况和决算进行审计监督。未经审核、审计的建设项目,不得办理竣工验收手续。

第三十五条 政府投资项目涉及水土保持、环境保护、消防、人民防空、安全生产、建设档案等专项验收的,应当由有关行业主管部门依法组织验收。

各项专项验收、工程质量的核定、竣工决算完成后,应当由投资综合管理部门或由其委托行业主管部门组织竣工验收。

第三十六条 对政府投资的重大建设项目,政府项目稽查机构应当参照国家重大建设项目稽查办法对其实行稽查,并向同级人民政府报告。

第三十七条 大中型政府投资项目交付试用期满后,投资综合管理部门应当会同财政部门有选择地进行项目后评价,后评价包括前期工作、实施情况、工程质量、投资效益、环境效益、社会效益等内容,后评价结论应当报告同级人民政府。

第三十八条 项目业主应当于竣工验收后向国有资产主管部门办理产权(资产)登记手续。

物流基地建设程序如图 1-4 所示。

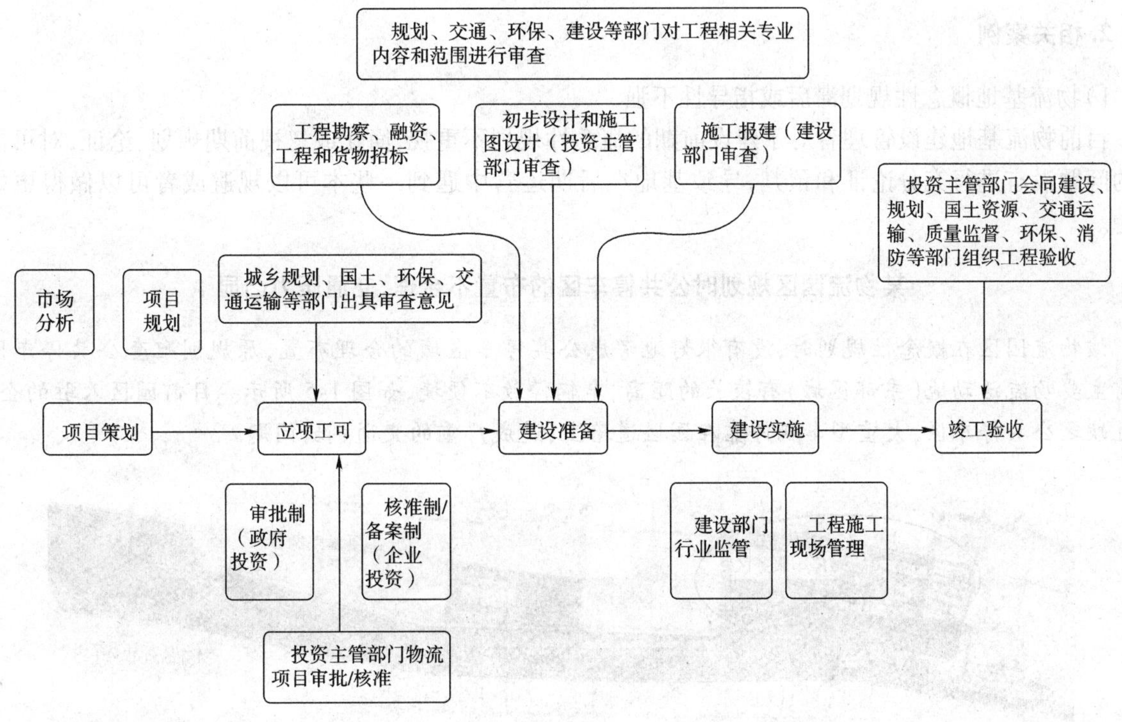

图 1-4 物流基地的建设程序图

四、相关资料

(一)概念性规划

物流基地概念性规划就是物流基地长远的发展计划,是对未来整体性、长期性、基本性问题的思考和未来整套实施方案的设计。规划侧重于所在区域的基础产业和物流业发展情况分析、物流基地的发展定位目标、空间布局和功能分析、交通集疏运、基地的开发模式及运营思路等。

概念性规划对于企业投资项目,并非是强制性行政报批的材料,但其在物流基地建设以及后期运营管理中会起到重要作用,因此建议投资者在前期阶段编制概念性规划。

1. 主要内容

物流基地概念性规划着重需要考虑的内容包括:

(1)所在地区的经济发展与城市发展背景(如地区经济发展与城市发展的现状、发展规划等);

(2)所在地区的物流业发展现状(如资源分布、物流量及其分布、市场需求等);

(3)项目目标和发展定位;

(4)空间布局和功能分析;

(5)总体建设方案;

(6)交通网络规划;

(7)基础设施设备工程规划;

(8)环保规划;

(9)园区整体开发模式及运营思路;

(10)分阶段实施策略及保障措施;

(11)规划实施建议。

2. 相关案例

1)物流基地概念性规划滞后或指导性不强

目前物流基地建设管理者对于建设前期的概念性规划不重视,简化或忽视前期规划、论证,对可能出现的问题没有进行充分论证和预判,导致基地在后期运营中遇到一些本可以规避或者可以做得更好的问题。

某物流园区规划时公共停车区的布置不合理,交通压力凸显

该物流园区在概念性规划时,没有很好地考虑公共停车区域的合理布置,原规划配套公共停车区与目前主要物流活动地(东部区域)有较长的距离,车辆停放不便捷,如图 1-5 所示。目前园区入驻的企业,就近缺乏公共停车区,大重型车辆停靠在园区道路上,造成严重的交通拥堵问题。

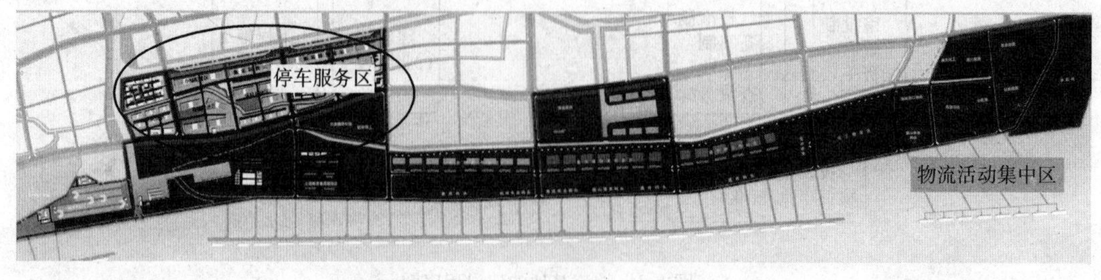

图 1-5　某物流园区的概念性规划图

推荐案例:某物流园区合理的功能布局、交通组织

(1)功能布局

某物流园区布局分为A区、B区和C区。其中A区(物流服务区)包括“配载区、停车区、仓储区、汽车维修区和综合服务区”五大功能区。A区建成并投入运营。

A区配载中心占地80亩,可容纳96户联托运部,目前入住率达到100%。停车场占地70亩,有500个大型停车位。仓库面积74934平方米,包括通用仓库、冷库、海关商检监管仓库、加工包装区,实际面积利用率70.2%,货位利用率88%。

该园区依托周边成熟的制造业和商贸的物流需求,为相关企业提供零担快线、仓储服务以及城市配送等专业物流服务,同时为市内社会闲散车辆、市外及省外过境和返程车辆提供货运需求信息和运力供给信息。园区总体布局合理、功能齐全,硬件设施完善,基础运营良好。目前逐步完善各功能模块之间的联动,车货信息交易以及仓储业务与运输业务相结合的增值服务,构建一站式的服务体系,为当地产业搭建现代物流服务平台,实现以资源整合为核心的价值链经营。2011年园区全年货运量达120万吨,营业额30000万元,车辆停靠量73000次。

(2)交通组织

园区交通十分便捷,具备开展公、铁、水等多种运输方式。

园区配载中心紧邻大型停车场,场房建筑采用了M形构造,“M”内部用于短驳车辆停靠,“M”外部用于干线车辆的配货以及停靠。此举有效地把大车和小车、干线车辆和短驳车辆、长时间占道车辆和短时间占道车辆分开,避免了相互影响进而发生拥堵的情况。该物流园区的功能布局设计合理,对于库房和场地的利用率高,如图1-6所示。

根据目前A区运营带来的业务量推算,园区的车流量在200辆/日左右,目前园区总体集疏运能力完全能够满足园区发展的需求。

(3)节能环保

园区在实际运营中,结合紧邻电厂的地理优势,高效利用电厂余热和蒸汽来进行园区冷热转换以及农产品深加工;此外,还使用太阳能电板来进行公共照明,使园区整体运营成本下降。体现了“节能减排、绿色物流”的理念,值得向其他园区推广。

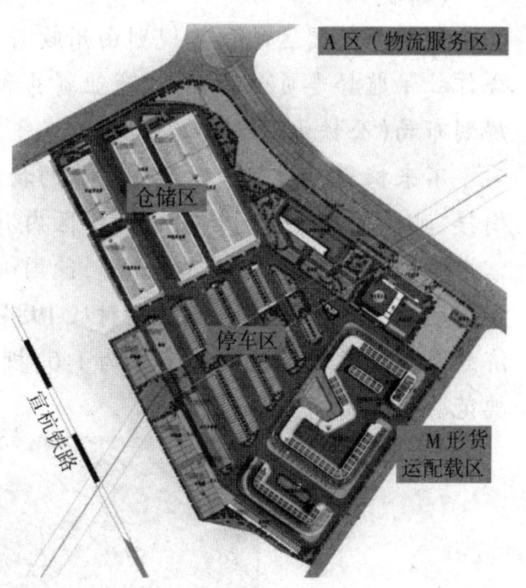

图1-6　某物流园区的功能布局

2)国外物流园区的概念性规划

(1)韩国

国家计划、统一布局、控制数量。政府将区域物流基地的规划建设与运输线路的扩张相结合,突出岛国海港特色,发展ICD内陆港。

图1-7所示的内陆港离首尔25千米,离韩国第一大港釜山港350千米,靠近公路主干道,依托铁路集装箱中心站。优越的交通条件使货物的集散和减少装卸搬运作业极为方便。内陆港配置相应的基础设施,如普通仓库、保税仓库、集装箱堆场等,在区内实现集装箱多式联运服务功能。与釜山港之间通过大容量的铁路连接,从釜山港输运的进口集装箱,在内陆港转换到公路运输至首尔等地。生产企业的出口集装箱,在内陆港可以转换到铁路,再运输到釜山港。此外,船公司、多式联运公司、船代或货代在内陆港设立的分支机构,可以直接受理国际多式联运业务,签发以内陆港为启运港或目的港的多式联运提单。因此,货主就无需在每次运输方式转换时重新办理托运等手续,在内陆港可以办理一次托运、一次计费、一份单证、一次保险。海关和检验检疫部门入驻,方便货物通关,实现客户、海关、港口、船舶的无缝对接。同时具备保税仓储功能,实现进口货物入港保税、出口货物入港退税及保税加工等。

内陆港实现海港功能的前移,有助于沿海港口拓展内陆货源,方便内陆货主,降低内陆地区的物流成本,提高沿海港口的竞争力。

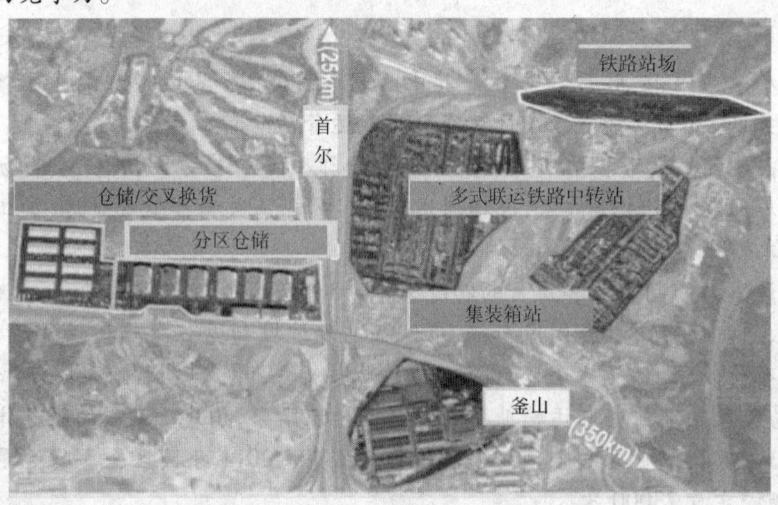

图 1-7　ICD(内陆港)

(2)德国

德国物流园区的总体规划由州政府与市政府协调,基础设施发展由州政府负责。德国的货运村,以合作社 + 监督委员会的模式,商业贸易和第三方物流公司在货运村内集聚。图 1-8 是德国不来梅货运村规划布局(公铁水联运)。

不来梅货运村是德国最早兴建的物流园区,靠近中心火车站和港口,与铁路、公路和水路均有很好的衔接,具备优越的交通运输条件。区内有集装箱堆场、存放烟草的仓库等。附近是外贸区,有很大的物流需求量,如奔驰公司的出口业务。德国邮政在货运村内建立信件处理中心,铁路公司也在货运村内成立了货运中心。德国不来梅货运村从 1984 年建立至今,不仅取得了显著的社会效益,而且取得了巨大的经济效益。货运村的投入产出比为 1:6,投资 1.02 亿欧元,而实现的效益为 6.1 亿欧元,是德国货运村的典范。

图 1-8　德国不来梅货运村

(3)美国

美国没有优化物流基地网络的国家级规划。其特点是市场驱动,公私合作,高度的自动化、信息化。

芝加哥物流园区是一个综合性的公铁联运物流园区(如图 1-9 所示),位于伊利诺伊州的埃尔伍德地区,是一个人口稠密、对大量消费品的运输、存储、配送有强烈需求的地区,邻近美国铁路跨州主干道,距离55号州际公路(美国南北向的交通干线)和80号州际公路(美国东西向交通干线)交叉点仅有5分钟的车程。园区占地647公顷,其中251.3公顷是柏林顿北方圣太菲铁路公司(BNSF)多式联运车站,包括158万平方米的仓库、22公顷的商业和零售服务企业,还有旅店、载货车站点及其服务设施。沃尔玛的大型配送中心、乔治太平洋公司的地区集散中心紧挨着园区,便于商品集散和进行公铁联运。

园区先进的物流服务设施、设备和技术降低了货物运输成本,提高了运输能力和运输效率。铁路平车上装载双层集装箱的运输成本比通常的铁路平车装运公路半拖车节约40%。条形码、激光扫描和网络信息技术在管理中广泛采用,卫星通信和射频识别装置来指挥和调度运行的车辆。

芝加哥物流园区于2002年开始运营,刚建成时就创造就业岗位8000~12000个,缴纳财产税2700万美元/年,营业税1.08亿美元。

图1-9　美国芝加哥物流园区

(二)可行性研究

物流项目在项目建议书批准后,即可进行可行性研究。通过对拟建项目的建设方案和建设条件的分析、比较、论证,从而得出该项目是否值得投资,建设方案是否合理、可行的研究结论。可行性研究的过程既是深入调查研究的过程,又是多方案比较选择的过程。根据《浙江省道路运输条例》的要求,具有货运站功能的物流基地在可行性研究阶段要做交通影响评估。

1.主要内容

可行性研究报告一般要求具备以下基本内容:

(1)项目建设的必要性;

(2)市场分析;

(3)建设方案;

(4)投资估算;

(5)融资方案;

(6)财务分析;

(7)经济分析(国民经济评价);

(8)经济影响分析;

(9)资源利用分析;

(10)土地利用及移民安置方案分析;

(11)社会评价或社会影响分析;

(12)交通影响评价;

(13)敏感性分析与盈亏平衡分析;

(14)风险分析;

(15)结论与建议。

2. 相关案例

部分物流基地在制订发展规划时"贪大求全",忽视了紧密联系当地实际情况和经济基础,往往将工业、商贸、物流、各类基础设施项目等统统进行整合包装。由于规划时面积过大,而可行性研究论证不足,导致实际建设进度大大滞后或长期处于亏损状态。

某物流园区可行性研究不充分,造成建设项目停滞

某园区规划总面积3000亩,靠近铁路枢纽,目标是2013年建成集枢纽转运型、产业基地型和专业市场型为一体的浙西南一流的综合型物流基地。然而由于可研阶段忽视了当地实际情况和经济基础,该县的经济发展现状(2010年GDP约100多亿元)并不足以支撑一个3000亩规模的园区。建设目标几乎不可能达到,其主要组成部分还处于"三通一平"或在建的状态,园区内其他主要用地仍处于原始地貌状态。

物流业作为服务型产业,其发展很大程度上需要依赖于该区域"一产和二产"的支撑。

推荐案例:

某物流中心属于仓储配送型,定位于大型仓储及配送集成物流中心,分三期建设,总占地面积约500亩,二期(在建)和三期(规划)是物流项目。

二期由7个部分组成(如图1-10所示),占地150亩,总建筑面积187400平方米。已运营的立体仓库,仓位利用率为43.3%。主要的业务运作模式是仓储和配送"大包制",即依据产品价值按点收取物流费用。

物流中心综合考虑了土地制约因素、企业自身资金限制、未来行业发展方向等综合因素,采取了"一次规划、分期建设,边运营、边建设"的发展原则,在二期多栋多层仓库投入运营的同时,预留了部分土地空间作为后续发展或业务转型。"一次规划"保证了各期项目发展的整体协调性,"分期建设"避免了过大的建设规模给已投入运营业务带来过大的资金压力,"边运营边建设"保证了续建项目能根据前期运营部分的实际效果和经验适时、适度并根据物流行业最新的发展趋势做出灵活调整。

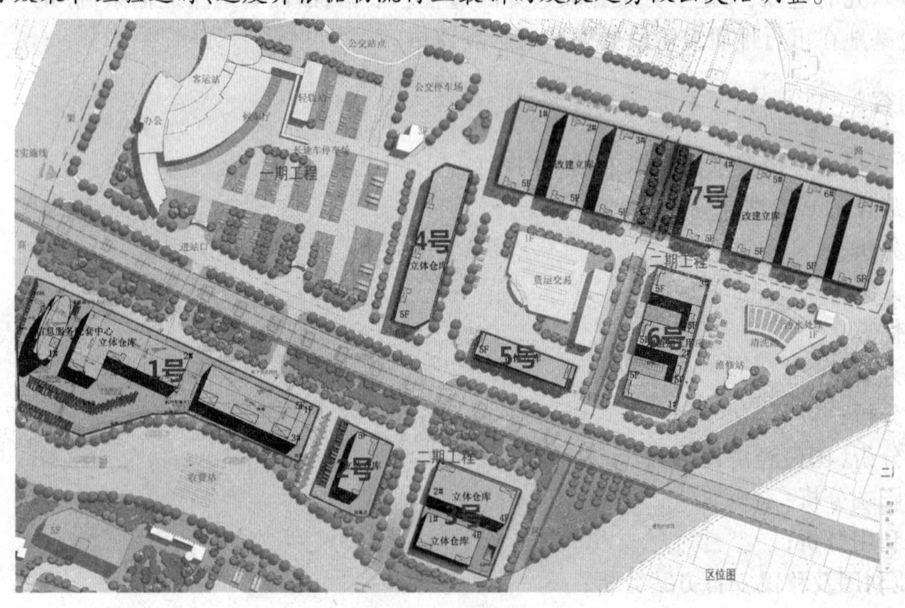

图1-10　某物流中心的功能布局(1~7号仓库)

(三)选址意见书

物流基地是实现物流企业、货物集散和运输等服务活动的基础性设施,是物流节点的硬件和物质载体。物流基地项目选址,一般会考虑市场需求、产业基础和区位交通三大因素,具体项目选择时还要考虑其他具体因素,如土地成本。为了使物流基地能够集中体现在功能上的有机分工、在能力上的相互协调、在空间上的合理分布，物流基地具体选址应遵循以下四大基本原则：

（1）交通导向原则。交通是制约物流发展的最为关键的因素，选择在交通条件好、位于货运主要发生方向、距高速公路出入口较近的地方建设物流基地，既可以避免重复建设，也可大大减少资金投入，同时也防止了出现大量的货物倒流和迂回运输。同时对物流基地周边的集疏运体系要做充分的预见性评估。

（2）城规导向原则。物流基地本身就是城市基础设施的重要组成部分，其建设必然要纳入城市规划予以总体布局。由于现代物流产业涉及办公、交易、仓储、运输等诸多服务环节，占地面积较大，所产生的大量货物运输对周边有一定的影响，因此在选址时，一般应选择在城市边缘。

（3）经济适应原则。物流基地要与当地及其周边经济发展和产业规划紧密联系，满足当地货运量的需求。

（4）地形导向原则。物流基地占地规模较大，地势开阔平坦，地域具有可扩展性，也为未来的拓展预留了空间。随着城市的发展，产品物流量将会增大，可能会对物流基地的规模和功能提出更高的要求，因此，项目地域必须具有足够的可拓空间，以满足进一步发展的需要。

（四）初步设计

1. 初步设计的依据

已经批准的可行性研究报告和环境影响报告书、建设主管部门批准的相关文件（如建设用地许可证等），与地方政府其他部门签订的供水、供电、交通等协议书，与建设单位签订的设计合同，工程所在地的地质、水文、气象等设计所需资料等均作为初步设计的依据。

2. 设计主要内容

初步设计文件由设计说明书、设计图纸、工程概算、主要设备和材料表组成。物流基地内各类建设项目的初步设计内容不尽相同，其主要内容一般包括：

（1）设计依据和设计的指导思想和原则；

（2）项目的建设规模和总体设计；

（3）主要设备选型和配置；

（4）主要物流功能设施、建筑物、构筑物和配套设施的建设；

（5）占地面积和土地使用情况；

（6）总体布局；

（7）综合利用、环境保护措施；

（8）生产组织、劳动定员和各项技术经济指标；

（9）总概算。

初步设计的技术经济指标，本书根据货运服务型、生产服务型、商贸服务型、综合服务型物流基地的规模和运营特点，推荐使用的部分技术指标，如表 1-2 所示。

3. 工程及配套工程方案

工程方案是在已经选定项目建设规模、技术方案和设备方案的基础上研究主要建筑物、构筑物的建造方案，如仓库、配载站房、堆场、停车场等。根据目前物流基地的工程特点，仓储、配载站房和交通流量需要有一个合理的配比，配置相应的缓冲区或停车区。

配套工程指公用工程、辅助工程和场外配套工程等。公用和辅助工程一般包括：办公楼、给水排水工程、供电与通信工程、供热工程、空调系统、通风系统、维修设施、加油站等。场外配套工程包括：运输配套（道路桥梁、码头），公用工程配套（输水管道、排水排污管线、供电线路及通信线路），环保配套（污水处理场、废弃物堆场）。

表 1-2

物流基地推荐技术指标一览

基地类型	占地规模(亩)	设计货物年吞吐量(万吨)	大型货车公共停车位配置(个)	仓储/堆场配置(万平方米)	信息系统配置标准	内部道路等级标准	集疏运体系标准	其他要求
货运服务型	<50	30	40	0.5	物流信息平台	主干道路双向2车道以上; 停车场门禁系统1个卡口以上	主进出通道双向2车道以上	配备源头治超相关设备
	>50且<300	30~200	40~200	0.5~3	物流信息平台并接入国家交通运输物流公共信息共享平台;进驻物流企业标准通用软件使用接入率或达到开发规范50%以上	主干道路双向4车道以上; 停车场门禁系统2个卡口以上(进出卡口单独设置)	主进出通道双向4车道以上; 有2条以上互不干扰的进出通道	配备源头治超相关设备; 设置甩挂运输必要场地及设备; 编写交通影响分析相关章节
	>300且<1500	200~500	200~500	3~12	物流信息平台并接入国家交通运输物流公共信息共享平台;进驻物流企业标准通用软件使用接入率或达到开发规范60%以上;物流基地一卡通工程	主干道路双向4车道以上; 停车场门禁系统4个卡口以上(进出卡口单独设置)	主进出通道双向4车道以上; 有2条以上互不干扰的进出通道; 距离最近高速公路出口小于15千米	配备源头治超站及相关设备; 设置甩挂运输必要场地及设备; 编写专项交通影响评价报告
	>1500	>500	>500	>12	物流信息平台并接入国家交通运输物流公共信息共享平台;进驻物流企业标准通用软件使用接入率或达到开发规范80%以上;物流基地一卡通工程;能为入驻物流企业提供符合海关、检验检疫等监管要求的计算机管理系统	主干道路双向4车道以上; 停车场门禁系统6个卡口以上(进出卡口单独设置); 基地内部形成环形通路	主进出通道双向6车道以上; 有3条以上互不干扰的进出通道; 距离最近高速公路出口小于10千米	配备源头治超站及相关设备; 设置甩挂运输必要场地及设备; 编写专项交通影响评价报告; 制定交通集疏运专项规划; 设立物流基地管委会(政府投资的)
生产服务型	<50	15	15	1.5	物流信息平台	主干道路双向2车道以上; 停车场门禁系统1个卡口以上	主进出通道双向2车道以上	配备基地监控系统
	>50且<300	15~150	15~200	1.5~8	物流信息平台并接入国家交通运输物流公共信息共享平台;进驻物流企业标准通用软件使用接入率或达到开发规范40%以上	主干道路双向2车道以上; 停车场门禁系统2个卡口以上(进出卡口单独设置); 设计抬高月台装卸位1个/500平方米	主进出通道双向4车道以上; 有2条以上互不干扰的进出通道; 距离配送目标集聚地不远于15千米	配备基地监控系统 配备源头治超相关设备; 设置甩挂运输必要场地及设备; 编写交通影响分析相关章节
	>300且<1500	150~300	200~400	8~20	能为进驻物流企业和工业园区提供公共信息平台和实时信息交换系统,并接入国家交通运输物流公共信息共享平台;进驻物流企业标准通用软件使用接入率或达到开发规范50%以上	主干道路双向4车道以上; 停车场门禁系统2个卡口以上(进出卡口单独设置); 设计抬高月台装卸位1个/500平方米	主进出通道双向4车道以上; 有2条以上互不干扰的进出通道; 距离配送目标集聚地不远于25千米	配备源头治超相关设备; 设置甩挂运输必要场地及设备; 编制专项交通影响评价报告

续上表

基地类型	占地规模（亩）	设计货物年吞吐量（万吨）	大型货车公共停车位配置（个）	仓储/堆场配置（万平方米）	信息系统配置标准	内部道路等级标准	集疏运体系标准	其他要求
生产服务型	>1500	>300	>400	>20	能为进驻物流企业和工业园区提供公共信息平台和实时信息交换系统，并接入国家交通运输物流公共信息共享平台；进驻物流企业标准通用软件使用接入率或达到开发规范60%以上	主干道路双向4车道以上；停车场门禁系统4个卡口以上（进出卡口单独设置）；设计抬高月台装卸位1个/500平方米；基地内部形成环形通路	主进出通道双向4车道以上；有2条以上互不干扰的进出通道；距离配送目标集聚地不远于40千米	配备源头治超站及相关设备；设置甩挂运输必要场地及设备；编制专项交通影响评价报告；制定交通集疏运专项规划；设立物流基地管委会（政府投资的）
商贸服务型	<50	10	10	1	物流信息平台	主干道路双向2车道以上；门禁系统1个卡口以上	主进出通道双向4车道以上	配备源头治超相关设备；设置甩挂运输必要场地及设备
	>50且<300	10~100	10~150	1~5	物流信息平台并接入国家交通运输物流公共信息共享平台；进驻物流企业标准通用软件使用接入率或达到开发规范40%以上	主干道路双向4车道以上；停车场门禁系统2个卡口以上（进出卡口单独设置）	主进出通道双向4车道以上；有2条以上互不干扰的进出通道	配备源头治超相关设备；设置甩挂运输必要场地及设备；编写交通影响分析相关章节
	>300且<1500	100~200	150~300	5~15	能为园区内企业提供物流公共信息和在线交易服务，并接入国家交通运输物流公共信息共享平台；进驻物流企业标准通用软件使用接入率或达到开发规范50%以上；物流基地一卡通工程	主干道路双向4车道以上；停车场门禁系统4个卡口以上（进出卡口单独设置）	主进出通道双向6车道以上；有2条以上互不干扰的进出通道	设置源头治超站及相关设备；设置甩挂运输必要场地及设备；编制专项交通影响评价报告
	>1500	>200	>300	>15	能为园区内企业提供物流公共信息和在线交易服务，并接入国家交通运输物流公共信息共享平台；进驻物流企业标准通用软件使用接入率或达到开发规范60%以上；基地一卡通工程	主干道路双向4车道以上；停车场门禁系统6个卡口以上（进出卡口单独设置）；基地内部形成环形通路	主进出通道双向6车道以上；有3条以上互不干扰的进出通道；规划快速货运通道	配备源头治超站及相关设备；设置甩挂运输必要场地及设备；编制专项交通影响评价报告；制定交通集疏运专项规划；设立物流基地管委会（政府投资的）

续上表

基地类型	占地规模（亩）	设计货物年吞吐量（万吨）	大型货车公共停车位配置（个）	仓储/堆场配置（万平方米）	信息系统配置标准	内部道路等级标准	集疏运体系标准	其他要求
综合服务型	<50	20	25	1	物流信息平台	主干道路双向2车道以上；门禁系统1个卡口以上	主进出通道双向4车道以上	配备源头治超相关设备；设置甩挂运输必要场地及设备
	>50且<300	20~200	25~200	1~5	物流信息平台并接入国家交通运输物流公共信息共享平台；进驻物流企业标准通用软件使用接入率40%或达到开发规范以上	主干道路双向4车道以上；停车场门禁系统2个卡口以上（进出卡口单独设置）	主进出通道双向4车道以上；有2条以上互不干扰的进出通道	配备源头治超相关设备；设置甩挂运输必要场地及设备；编写交通影响分析相关章节
	>300且<1500	200~400	200~400	5~20	能为园区内企业提供物流公共信息和在线交易服务，并接入国家交通运输物流公共信息共享平台；进驻物流企业标准通用软件使用接入率或达到开发规范50%以上；物流基地一卡通工程	主干道路双向4车道以上；停车场门禁系统4个卡口以上（进出卡口单独设置）	主进出通道双向6车道以上；有2条以上互不干扰的进出通道	配备源头治超站及相关设备；设置甩挂运输必要场地及设备；编制专项交通影响评价报告
	>1500	>400	>400	>20	能为园区内企业提供物流公共信息和在线交易服务，并接入国家交通运输物流公共信息共享平台；进驻物流企业标准通用软件使用接入率或达到开发规范60%以上；物流基地一卡通工程	主干道路双向4车道以上；停车场门禁系统6个卡口以上（进出卡口单独设置）；基地内部形成环形通路	主进出通道双向6车道以上；有3条以上互不干扰的进出通道；规划快速货运通道	配备源头治超站及相关设备；设置甩挂运输必要场地及设备；编制专项交通影响评价报告；制定交通集疏运专项规划；设立物流基地管委会（政府投资的）

4. 安全、消防

物流基地一般根据储存货物类别和货物的特点来确定消防标准。如消防的防火分区的设定、配电房(气体灭火),疏散通道、快速响应喷淋头的设置等。

物流基地内新建、改建、扩建危险化学品储存装置和设施,应当按照《危险化学品安全管理条例》和《危险化学品建设项目安全许可实施办法》中的规定,在可行性研究阶段进行建设项目报批(核准、备案)前的安全条件审查,并获得建设项目安全许可实施部门核发的许可证。

主要港口和储备可燃重要物资的大型仓库,应当设立单位专职消防队。

5. 相关案例

某物流中心初步设计不当,造成习惯性拥堵

某物流中心位于该市经济开发区内,占地300亩。2009年建成运营至今,每天下午4~7时,整个物流中心基本陷入瘫痪状态,发货车辆、专线车辆、电动车、人力车、物流企业办公人员、发货人员、场地管理人员交织、拥堵、混杂在配载区,导致各类物流作业基本陷入瘫痪,运营效率严重低下,不但给运营管理造成了难度,还极易引发各类交通、治安事件。为解决交通拥堵问题,该物流中心出台了多项措施,效果并不明显,根据实际情况看,主要原因是:

(1)实际运营能力已经远远超过设计。初步设计时没有充分论证园区运营后的交通组织方案。

(2)配载站房单一朝向设计,各排配载库房设计间距过小。没有根据该物流中心的特点和面积,对于配载库房的结构进行通透设计,只有一个进出口严重降低了运转效率。

(3)在设计之初,对于大车流和小车流、发货车和干线运输车、人流和车流、收货区和配载区没有进行区分。

第二章　物流基地运营管理指南

本章主要介绍浙江省物流基地（物流园区、物流中心、集装箱中转站、传统货运站等）的组织管理架构及职责、功能类型、运营模式、运营管理规范等；梳理不同类型物流基地的盈利途径，以及运营管理者需关注的问题。旨在为物流基地管理经营者提供在现有模式下运营管理的参考和借鉴。

一、物流基地运营参与方

对于物流基地的参与主体，目前浙江省物流基地的组织管理架构主要分为四个层次，第一层次具备政府行政管理背景的物流办、领导小组等；第二层次园区管委会、指挥部；第三层次为物流基地运营方（投资开发、管理公司）；第四层次是物流基地的入驻客户，负责具体物流业务的运作。

（一）物流办

物流办是政府下设的组织机构，由相关政府职能部门派驻人员（浙江部分地市物流办设在交通运输局，与交通运输局合署办公），主要负责对本辖区内现代物流发展的政策出台、组织协调、指导和督查工作。主要职责是：

（1）贯彻执行国家和浙江省关于物流发展的方针政策和法律法规，编制本辖区物流发展规划和年度计划，负责辖区内物流发展态势监测、分析和物流统计工作，为政府提供决策依据；

（2）组织辖区内物流产业、重点项目的调研、论证，协调物流站场规划、建设工作，协调解决物流业发展中的矛盾和问题；

（3）研究制订物流产业政策并抓好政策实施，做好政府扶持资金的审核申报工作，会同财政部门监督资金使用情况，评价资金使用效果；

（4）负责物流的招商引资及对外交流和区域合作工作，组织对重点引进项目的评估论证和跟踪管理；

（5）负责辖区内物流行业管理和指导、协调、督查工作，负责物流行业技术进步和标准化、信息化推广，规范物流行业发展，指导和推动物流行业加快转型升级。

（二）管委会

管委会是物流基地开发、建设、招商过程中常见的组织机构，是物流基地投资开发管理的主体，负责物流基地的前期建设、招商引资，并对入驻企业进行统一的管理。管委会主要存在于政府投资的物流园区，如金华国际物流园区、平湖独山港综合物流园区等，管委会下设投资开发运营公司，负责建设、融资、招商等工作，并承接园区后续经营管理，成为独立的常设机构。通过招商引进入驻的物流公司负责具体物流项目的运作和经营。

某物流园区管委会组织架构如图 2-1 所示。

（三）基地运营方

物流基地运营方分为公共型的运营主体和自营型主体，物流基地的运作方式包括网络化的集团运作（如传化物流基地）和单一运作。

“公共型”的物流基地组织机构主要为广大小、散联托运户和物流企业提供服务，是独立的、不直接

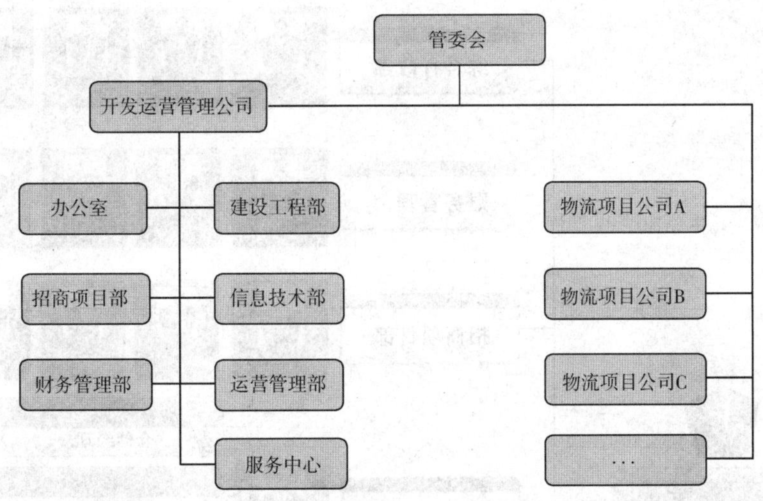

图 2-1　某物流园区管委会组织架构

参与物流实际业务的运营服务主体，如传化物流基地；企业自营管理机构是指物流企业自身参与物流基地的开发、建设并从事一系列物流活动，是物流业务的直接经营者，如萧山华瑞物流中心、温州双屿物流中心等。

集团化运作物流基地组织架构如图 2-2 所示。

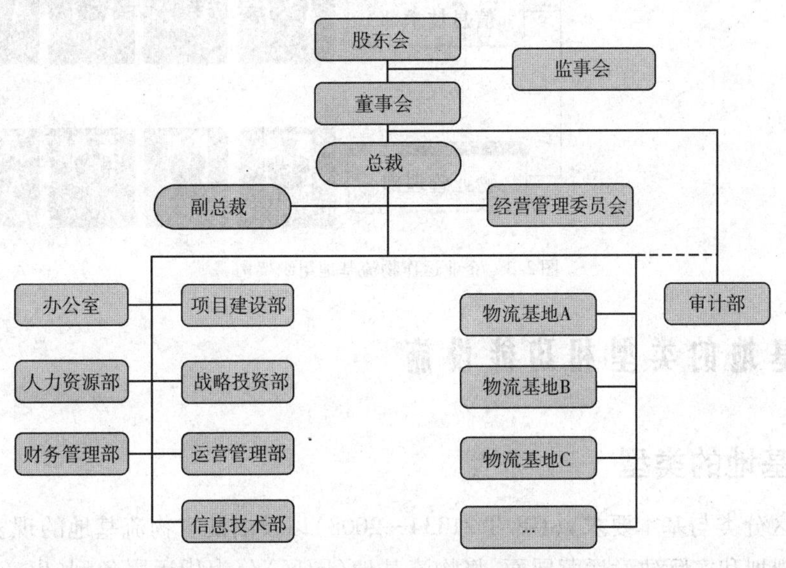

图 2-2　集团化运作物流基地组织架构

物流基地的内部组织架构是分工协作关系和领导隶属关系的有序结合，其基本内容包括明确组织机构的部门划分和层次划分，以及各个部门的职责、权限和相互关系，从而形成一个有机整体，进行有效的管理和运营。单一物流基地的组织形式是在总经理负责制下，设行政管理、财务管理、招商管理、经营管理、信息管理、物业管理等（不仅限于）职能机构。根据物流基地的实际情况，各职能机构可成立单独部门，亦可合并若干职能成立一个部门。职能部门应能对物流基地全过程服务质量进行有效的控制，并有明确的职能定位和岗位职责要求，并能建立起工作规范。职能部门对服务项目和服务质量进行策划，进行定期的监督和检查，有完整的记录，并对执行情况进行分析评价，适时改进，不断提高服务质量。

企业运作物流基地组织架构如图 2-3 所示。

（四）入驻客户

物流基地的入驻客户不仅包括中小物流企业，周边物流业务外包工商制造企业，也包括社会车辆、货代中介和各类配套服务企业，如餐饮、住宿、汽配汽修等。入驻企业在物流基地内，遵循“平等自愿、诚实守信、遵守法律、互利互惠、联手发展、不损害公共利益”的原则下，开展各项物流业务活动。

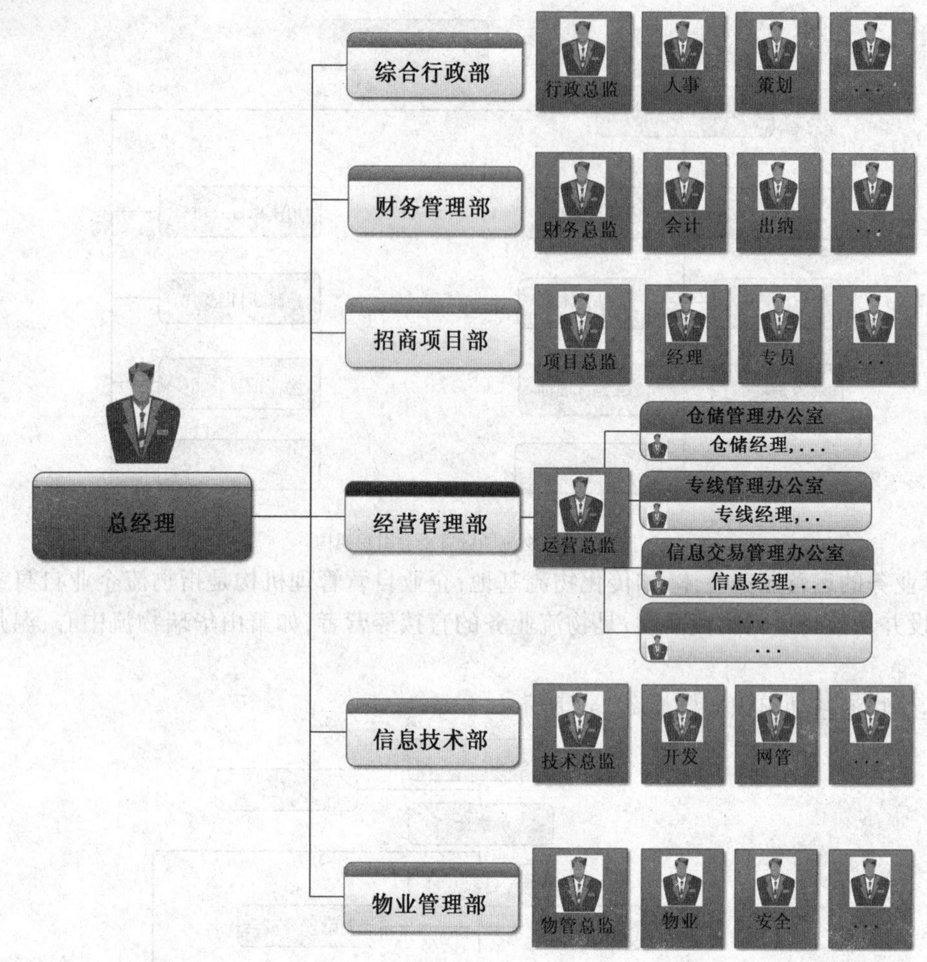

图 2-3　企业运作物流基地组织架构

二、物流基地的类型和功能设施

(一)物流基地的类型

根据《物流园区分类与基本要求》(GB/T 21334—2008)以及浙江省物流基地的现实基础和业务运营特点,本节从宏观规划和实际建设运营层面,将物流基地(园区)分为货运服务型、生产服务型、商贸服务型和综合服务型四种基本类型。

1. 货运服务型

货运服务型是依托空运或海运或陆运枢纽而规划的物流基地,至少实现两种不同的运输形式衔接,提供大批量货物转换的配套设施,主要服务于国际性或区域性物流运输及转换。

典型代表:宁波梅山保税港区物流园区、宁波空港物流中心、兰溪嘉宝物流中心、嘉兴内河港物流中心。

典型案例:宁波梅山保税港区物流园区

宁波梅山保税港区物流园区位于宁波梅山保税港区内。总规划面积 7.7 平方千米。

目前运营的保税物流配送中心(一期)位于梅山保税港区首期封关范围内,投入资金 19000 万元,包括 2 座大型仓库,面积 280000 平方米,配套停车场 10000 平方米。2010 年处理吞吐能力 6.4 万吨,0.8 万标准箱。一期主要从事进出口货物仓储与配送、物料加工和分拨、装卸柜以及国货出口复进口等服务。

根据梅山保税港区总体功能定位，梅山保税港区物流园区是其核心功能区，远期要形成包括仓储、运输、装卸/搬运、理货、配送、多式联运、货运代理、物流信息管理等物流的基本服务。构建以“国际中转、国际配送、国际采购、国际转口贸易和出口加工五大核心功能”的保税港区物流园区的增值服务体系。

典型案例：宁波空港物流中心

宁波空港物流中心毗邻宁波望春工业园区，东南临宁波栎社机场。定位于集国内国际航空货代、货运、仓储、加工、包装、分拨、转运、配送、报关、保税、信息提供等服务为一体的物流中心。

宁波空港物流中心投入运营的一期项目用地247亩，总建筑面积118776平方米，总投资2.7亿元。一期项目作为B型保税物流中心，建有保税储存、保税监管、查验等功能的保税仓储区域，集海关报关、国检报检、口岸边检及为入驻货代、物流企业等提供办公、金融等各项服务于一身的综合办公楼，同时设置了为入驻企业提供生活配套服务的生活服务楼。

截至2011年6月，保税区已处理各项报关业务1831票；进出区总货值达约1.74亿美元；货主企业在中心上缴关税、消费税和增值税共计约5492万元人民币。经营项目包括：服装、酒类、通信器材、IT设备、五金件、食品等。

典型案例：兰溪嘉宝物流中心

兰溪嘉宝物流中心靠近铁路金千线，距离G60高速公路出入口约7千米，距离方下店码头（三级航道）1.4千米，具备开展公、铁、水联运的优越条件。

嘉宝物流中心总占地面积480亩，其中集装箱堆场21840平方米，大宗散货堆场31010平方米。建材配套区依托大型堆场，服务于周边建材行业前端原料的采购、后端半成品、成品的输出。日用化工配套区结合公铁多式联运的优势开展低成本优势，开展液体化工产品中转、配送、采购、转口贸易等业务。两业联动区核心内容是集聚相应的供应链服务机构，依托大型综合办公大楼和信息平台，采用租赁经营的方式开展管理活动，形成促进企业供应链前置管理和流通现代化的物流服务平台，提供网上交易、流通加工、货运代理、贸易、信息、咨询等各种服务性功能。

同时嘉宝物流还充分利用铁路和公路的交通中转优势，大力发展大宗物资如煤炭、棉花等的集中采购，即以较低价格满足了周边生产企业的原料需求，又提高了自身的盈利能力。

2. 生产服务型

生产服务型是依托经济开发区、高新技术园区等制造产业园区而规划的物流基地，提供制造型企业一体化物流服务，主要服务于生产制造业物料供应与产品销售。

典型代表：德清临杭物流园区、金华国际物流园区、温州双屿物流中心。

典型案例：德清临杭物流园区浙江商源物流配送中心

浙江商源物流配送中心位于德清临杭物流园区Ⅰ区，占地面积90亩，建筑面积61813平方米，仓储面积40000平方米。配送中心拥有完善的二次加工作业链，配备3套加工作业流水线，日加工量可达5000~10000箱，目前已承接伊利、楼兰、长城、王朝以及久加久等品牌的配送业务。2010年实现营业收入2.9亿元，税利431万元。

浙江商源物流配送中心针对不同地区、不同销售渠道、不同经销商的产品进行分类标记，开展根据客户要求对产品重新粘贴标签等增值加工业务，并取得了良好的经济效益。目前已逐步形成以物流、信息、渠道为支撑，整合上游品牌厂商资源、下游渠道网络体系，集物流、采购、二次加工、销售、品牌代理于一体的现代化专业酒水配送中心。

典型案例：温州双屿物流中心

温州双屿物流中心总规划占地面积596亩，待二期建成后仓储面积将达20多万平方米。物流中心具备了仓储配送型物流中心的基础作业条件。在仓储区安装先进的智能化系统,采用闭路监控系统、实行封闭式管理,确保库区安全;配备货架、叉车、托盘等仓储设施设备,主要流程环节基本实现机械化作业;利用现代化的仓储管理系统和无线射频、条形码等技术,与客户实时进行信息交换,实现仓储信息化管理。

以格兰仕为例,双屿承接了格兰仕在温州地区的仓储和配送业务。上游格兰仕温州经销商将温州销售的全部产品存放双屿仓库。销售终端需要补货时通过相连的信息系统,直接将配送需求下单到双屿仓储部,接到订单后双屿物流安排车辆按照订单要求配送到相应地点的销售渠道。结算时,按照产品经销商价的百分比收取物流费用,而不是按照占用仓储面积和配送吨位结算费用。

在现阶段的业务运作中,双屿物流打破了常规的仓储及配送型物流企业按照单一业务收费的模式,最大限度地发挥了大型物流企业的优势,将大容量的仓储设施、现代化的管理水平、高覆盖率的地区配送到达能力及高效的服务响应度有机地结合起来,既能为客户提供及时、高效、多样的各类增值服务,又避免了与联托运部陷入低端的价格竞争。

此外,双屿物流还根据自身仓库等基础设施优势,积极开展"金融物流"等拓展项目,即作为中间方与某金属实业公司及某商业银行进行"金融物流"项目洽谈,代银行对实业公司产品进行监管,银行则根据货值测算商业贷款的额度对实业公司发放贷款。此举既可以解决企业流动资金紧张的困难,同时保证银行放贷安全,又能拓展仓库服务功能,增加货源,提高效益,可谓"一举三得"。

3. 商贸服务型

商贸服务型是依托各类大型商品贸易现货市场、专业市场而规划的物流基地,为商贸市场服务,提供商品的集散、运输、配送、仓储、信息处理、流通加工等物流服务,主要服务于商贸流通业商品集散。

典型代表:义乌物流园区、中国轻纺城现代物流园区、临海市江南物流中心。

典型案例:义乌物流园区

义乌物流园区是由义乌物流办牵头,分别成立了内陆口岸场站、小商品出口监管中心、小商品国内物流中心三个项目指挥部来具体推进各子项目的具体管理和前期推动工作。园区以义乌专业市场和工业产业区域分布需求,服务小商品制造业、零担货运、仓储物流、快递物流、口岸国际物流、都市配送、农业物流。园区以"两园四专业两站点一备用"进行布局,共由十三个区块组成。"两园"即义乌国际物流园区和义乌国内物流园区。义乌国际物流园区由在建的义乌内陆口岸站场(1050 亩)、规划建设的义乌青口监管中心(893 亩)和现有义乌国际物流中心(450 亩)三个功能区组成;义乌国内物流园区由江东物流中心(150 亩)、规划建设的城西物流中心(2192 亩)和廿三里物流中心(2996 亩)三个功能区组成;"四专业"即义乌市铁路物流中心(1200 亩,其中铁路海关监管区 200 亩)、义乌夏迹塘物流中心(1997 亩)、空港物流中心(100 亩)、义乌邮政速递中心(202 亩);"两站点"即大陈物流站(15 亩)和佛堂物流站(100 亩);"一备用"即义南物流中心(1000 亩)。上述物流站场建设用地总计约为 11345 亩(不包括备用地)。2010 年园区运营项目共实现营业收入 6418 万元,实现净利润 1762 万元,上缴利税 835 万元。

目前运营的项目中,义乌国际物流中心位于义乌市城区偏北位置,紧靠雪峰路和机场路交叉口,总占地 450 亩,总投资 25000 万元,于 2002 年投入运营。建筑面积 264000 平方米,仓储面积 40000 平方米(海关监管仓库 5000 平方米),堆场 20000 平方米、停车场 10000 平方米。主要功能定位于出口货物仓储、海关施封查验、商检、堆场、物流企业商务办公、进口货物保税。2010 年出口施封量 426600 标准箱。

义乌江东物流中心位于义乌市城区东南部,环城南路和篁园路交叉口东北角,总占地 150 亩,总投资 8000 万元,于 1999 年投入运营。建筑面积 30000 平方米,物流经营用房 4000 平方米,停车场 1000 平方米。主要为小联托运部收容、国内专线配载、简单仓储功能。2010 年吞吐量 200.35 万吨。

义乌内陆口岸场站一期项目位于诚信大道以西部分,占地面积 394 亩,概算投资 144100 万元,建筑面积 43 万平方米。义乌内陆口岸场站以小商品外贸出口、国际物流服务为主要功能,将紧紧抓住义乌"大通关"建设机遇,坚持"依托国际商贸城,辐射全国,通达世界"的发展方针,按照"科学化、港口化、数字化、国际化"的要求，突出"监管、安全、畅通、便捷"的理念。通过现代物流设施平台和信息网络平台的构建，把各类物流及其相关企业的集聚、扩散、辐射，向社会提供全方位的物流服务，建成后将成为"进出口货物集聚区、国际物流信息枢纽、查验通关中心、国际物流服务中心"等功能齐全的内陆口岸。

义乌物流园区分布如图2-4所示。

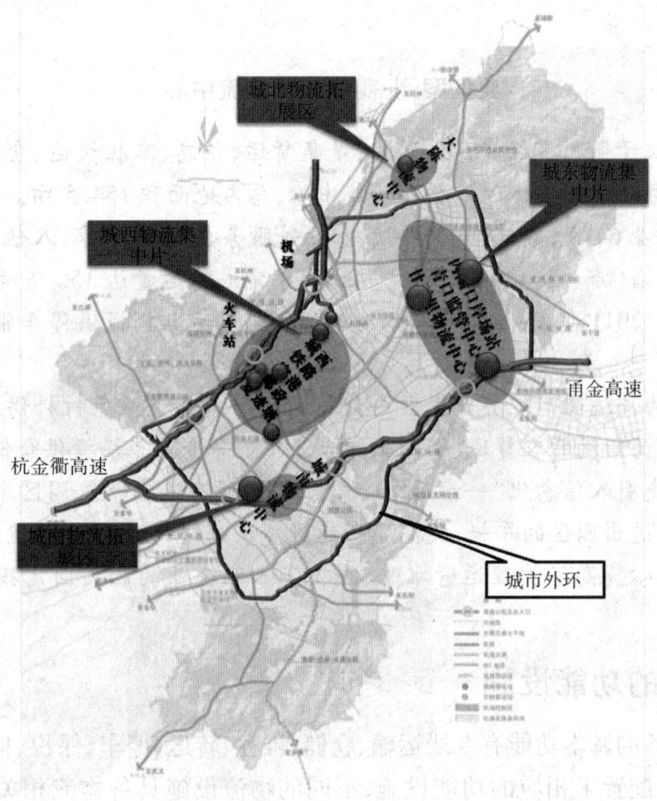

图2-4　义乌物流园区分布图

4. 综合服务型

综合服务型是位于主要区域或城市的交通枢纽，依托城市配送、生产制造业、商贸流通业等多元对象而规划的物流基地，提供综合物流功能服务，主要服务于城市配送与区域运输。

典型代表：嘉兴现代综合物流园区、浙江萧山传化物流基地、衢州大华物流中心。

典型案例：浙江传化萧山物流基地

浙江传化萧山物流基地位于沪杭甬高速萧山出口处。通过建立"信息交易、管理服务、运输、仓储、配送、零担快运"和完善的餐饮、商店、汽车旅馆、员工宿舍、娱乐等配套服务在内的"6＋1"功能模式（如图2-5所示），整合"物流服务、物流设施设备、物流需求"三大资源，提供一站式服务，在整合和培育专业的第三方物流企业、优化社会分工合作体系、改变传统物流行业"散、小、乱"局面、提升物流运作效率和推动区域经济发展等方面表现出色。

2003年至2010年，进驻企业平均营业额年增长率达到30%；平台企业日发布货运信息5000余家，服务周边3万多家工商企业；整合40万辆社会车辆资源。2009年广义营业额达到35亿元，上缴利税1.5亿元，为地方增加5000个就业岗位。

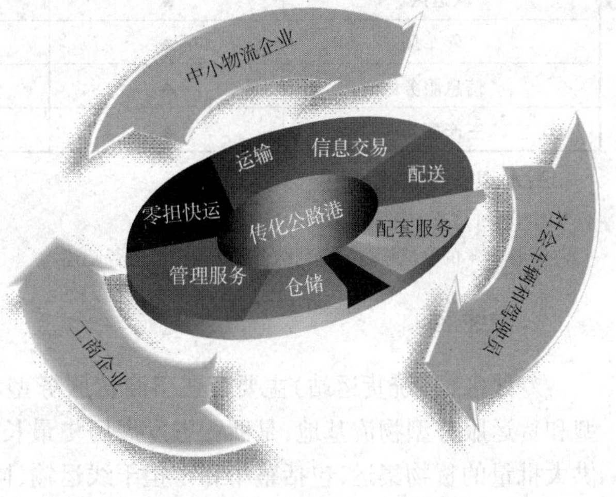

图2-5　传化公路港"6＋1"功能模式

传化物流在主体业务之外,还利用传化物流基地已有资源,与相关院校、专业咨询机构联盟,开展物流教育培训业务;与国内、国际大型物流企业、工商企业联盟,建成网上商城,开展电子商务活动等。通过这些服务的出台,传化物流基地的盈利能力大大增强,基地的影响力也会得到进一步的提高。

传化公路港模式首个战略性布点在西部连锁复制成功,成为四川省成都市的重点项目。随后又在苏州布局,公路港模式成功运营。

典型案例:衢州大华物流中心

衢州大华物流中心位于衢州市经济开发区内,是集货运、信息、零担快运、仓储、配送、搬运、装卸、餐饮、旅馆、停车及配套服务功能于一体的综合型物流中心,总占地面积 154.5 亩。配载中心共有 136 间营业房,目前已入驻物流企业 64 家,修理检测、餐饮、加油等服务企业 10 余家,入住率达到了 95% 以上。开通了可到达全国的 22 个省(市、区)的运输专线。2010 年完成货运量达 150 万吨,完成营业收入 1.8 亿元,完成税收 1070 万元。2011 年 1 ~6 月停车场为 19000 辆货运车辆提供停车服务,收入与同期相比增加 49%。

衢州大华物流中心为周边衢州经济开发区内金属制品等工业企业原材料供应及产成品外销提供仓储、生产配送、产品运输;为附近的农贸城、衢州上洋专业市场等专业市场提供仓储、区域分拨、流通加工、配送等物流服务。并率先引入信息化"一卡通"工程建设,对所有进出物流园区车辆建立电子标签,实行一卡一车制,有效规范了进出园区的车辆,提高了营运效率。通过一系列的增值服务举措和信息化水平的提高,衢州大华物流中心提高了管理运营水平,减少了入驻企业的相关固定投入,进而实现了自身的盈利。

(二)物流基地的功能设施

各类型物流基地具备的基本功能有专线运输、仓储、堆存、转运、停车、保税、信息服务等,如表 2-1 所示。根据基地自身情况,配置了相应的功能设施,不同的物流设施具备物流相关功能和提供物流服务。物流功能设施主要包括专线区、仓储区、保税区、堆场、联运区和停车场、信息服务区、三产配套区等。

物流基地类型和功能设施 表 2-1

基地类型 / 功能设施	货运服务型	生产服务型	商贸服务型	综合型
专线区	▲	▲	▲	▲
仓储区	▲	▲	▲	▲
保税区	△	△	△	△
堆场区	▲	△	△	△
联运区	▲	△	△	△
* 停车场	▲	▲	▲	▲
* 信息服务区	▲	▲	▲	▲
* 三产配套区	▲	▲	▲	▲

注:▲:具备的物流设施。
△:可具备的物流设施。
标有 * 的物流设施的盈利结合前几项设施进行阐述。

1. 专线区

专线区(传统货运站)主要存在于商贸服务型和综合服务型物流基地,同时也存在于部分生产服务型和货运服务型物流基地,是浙江省发展历史最长、最为成熟的功能区块。其服务功能是为相关企业提供大批量的货物集运,包括整车和零担干线运输,同时为市内社会闲散车辆、市外及省外过境和返程车辆提供货运需求信息的搜集和运力供给信息,以及三产配套等服务。该功能区的运作已较为成熟,在过去货运市场发展中取得了可观的经济效益。

2. 仓储区

根据储存的货物属性，仓库类型分为专业型和通用型。专业型仓库是指需要配置专用设施设备以满足特定货物专业化的运作要求的仓库，如低温类、散装类仓库；通用型仓库是指满足一般货物运作要求的仓库。仓储区主要存在于货运服务型、商贸服务型、生产服务型的物流基地，同时也存在于部分综合服务型的物流基地，是目前增值服务最为丰富的功能区块。

仓储的主要服务功能体现为：从上游客户接受多种大量物品，进行装卸、分类、存储、保管和信息处理等作业；根据下游客户要求进行拣选、加工、组配等作业，并进行分批次送达。

3. 堆场区、联运区

堆场类型分为集装箱堆场、件杂货堆场和大宗散货堆场，主要存在于货运服务型物流基地。堆场的主要服务功能是提供集装箱重箱、空箱、件杂货和大宗散货的保管、堆放和交接。

联运区是指物流基地内由两种及其以上的交通工具相互衔接、转运而共同完成运输过程的功能区，如铁路专用线，主要存在于货物服务型物流基地。多式联运可综合利用各种运输方式的优点，提供货物的集中分拨、转运服务，从而降低物流成本，形成大宗物资、生活资料和生产资料的集聚。

4. 保税物流区

保税物流区是指在保税规划面积或毗邻保税的特定港区内设立的、专门发展现代国际物流业的海关特殊监管区域。它涉及海关监管场所、商检查验场所和保税仓库，该类设施主要存在于货运服务型和商贸服务型物流基地。保税物流区的主要服务功能是提供货物保税仓储、简单加工、国际中转、国际采购、国际转口、物流信息处理、报关等服务。

三、功能区的运营模式

浙江省物流基地是以企业为主体的市场化运作，基本模式为：政府统筹规划—企业/政府（企业与政府联合）投资开发建设—公司化经营管理/入驻企业自主经营。物流基地作为长线投资的基础设施型项目，一般具有较大的建设规模和经营范围广等特点。根据浙江省物流基地运营经验，其毛利润大约占营业收入的25%以上才能维持正常的运转，其中包含银行利息7%，上交税收4%，职工福利5%，投入再生产6%～8%，风险预留3%。

对于物流基地投资运营主体而言，投资建设一个物流基地，必然会考虑其盈利途径，其内部各物流设施的利润来源。目前物流基地的盈利主要是通过土地增值回报、设施投资回报和服务投资回报等实现的。根据实际要求，本节对盈利模式的阐述将剔除土地增值因素，侧重于物流设施的功能和服务，分析研究其盈利途径。同时通过梳理物流设施间的业务逻辑关系，实现以资源整合为核心的价值链经营，开发多种业务相结合的增值服务。

（一）专线区的基本运营

1. 基础服务的盈利途径

（1）货物集运：利用货运站场自有车辆或挂靠车辆，对零担货物进行配载，自行开展专线运输业务；重货按重量计价，轻泡货按体积计价；对于长期稳定货源的客户，按整车或总包合同计价。

（2）站房和设备的租赁：公共型货运站为联托运户提供站房和设备的出租以及其他物业服务。合同形式有“基础租金＋出货频率”和总包式等。

（3）停车场：公共型货运站吸引本地和回程车辆进站场停车、配载货物。

2. 增值服务的盈利途径

增值服务主要是将信息交易、专线配载、停车服务以及三产配套等功能相互结合,以发挥其联动作用。增值服务的重点在于提供车货信息服务。

(1)车货信息服务:信息交易大厅以引进总包客户和信息中介为主,通过培育入驻企业,促进货源信息集聚,带动车源整合;停车场以服务外地车源为主,通过货源信息、诚信认证及三产配套等服务,吸引回程车,从而提高信息交易效率,降低企业物流成本。

(2)打造专线品牌:以专线运营企业为主,通过完善线路规划,制定服务标准等方式,提高运营效率和服务质量,打造统一的专线品牌。

(3)完善综合配套设施:三产配套通过标准化的物业及管理,引进餐饮、住宿等服务企业,完善站场内的综合配套设施,为站场内的物流客户提供配套服务。

专线区的盈利模式如图 2-6 所示。

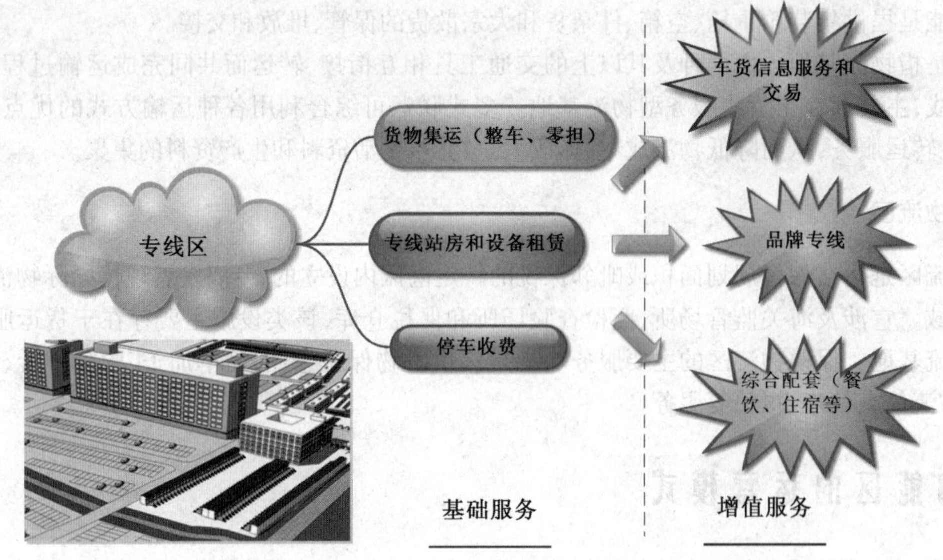

图 2-6　专线区的盈利模式

(二)仓储区的基本运营

本节提到的仓储区不含海关监管、商检查验和保税等功能。

1. 基础服务的盈利途径

仓库和设备租赁:物流基地为客户提供仓库设施和设备的出租及其他物业服务。由于仓库的类型不同(低温类和通用类)和地区差异,因此其价格不能一概而论,一般低温类按体积计,通用型按面积计或托盘量计。合同形式有“基础租金 + 出货频率”和总包式等,租期有周租、月租和长租等。

2. 增值服务的盈利途径

1)仓储区与专线区、信息交易区、三产配套区联动

(1)通过引进大型的区域商品分销企业,如原材料和产成品的分销商,并在物流基地内注册,整合物流基地仓库和运输资源,构建仓储、销售、运输的物流服务链。重点在于储配相结合,参与订单管理和提供交易服务,以此提高物流基地整体的税收产出。同时通过区域分销商的引进,带动配送配载企业的发展。

(2)提供区域内或同城范围内的短驳配送。

(3)通过引进快递企业区域性的营运分拨中心,利用电子商务平台,发展 B2C 模式。依托仓储、配送等优势,因此通过引进快递企业开展“落地配”等系列业务。同时快递企业的引进,带动办公、商务以及

相应的生活配套和设施配套的需求,从而促进物流基地三产的发展。

2)供应链管理

(1)将厂商生产的标准产品再加工成为客户所需个性化产品,收取加工费用;利用仓储优势,建立专业的交易市场。

(2)利用供应链总包服务的集成运作模式,推动物流基地从基础的仓储管理向提供集成总包服务转变,重点在于采购订货、订单管理、制造企业的销售代理等集成服务。对有物流供应链外包意向的工商企业提出供应链解决方案。

3)物流金融服务

以完善的仓储增值服务为基础,引进仓储服务企业,开展代收货款、仓单质押等物流金融服务。

仓储区的盈利模式如图2-7所示。

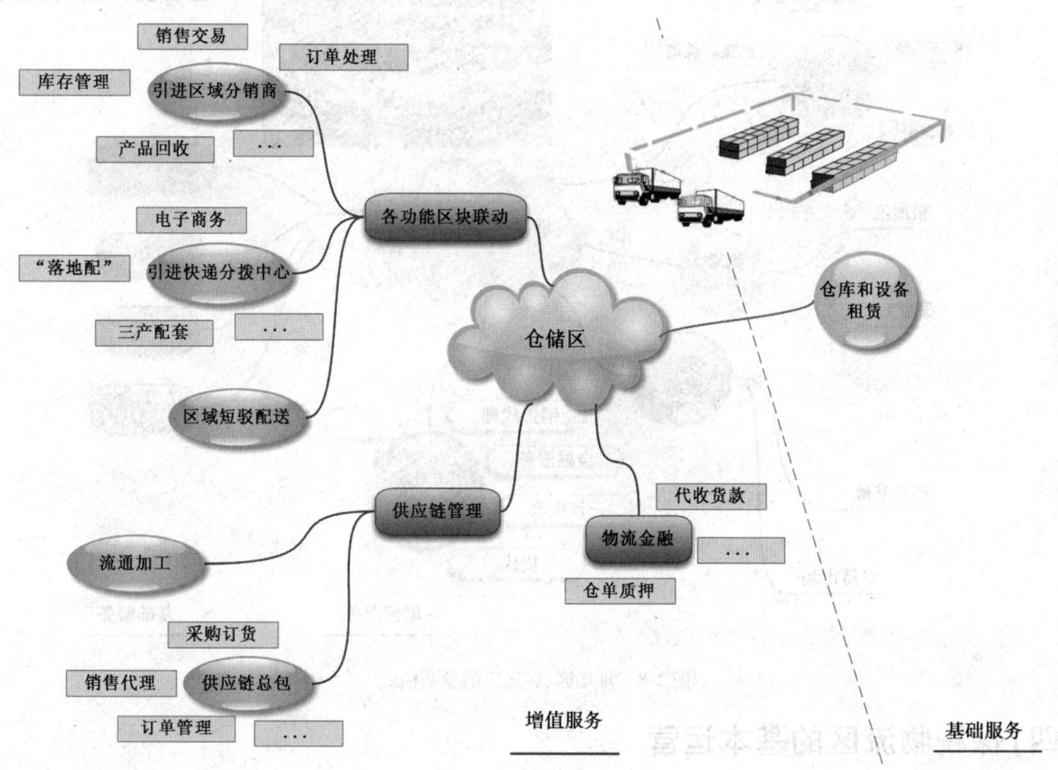

图2-7 仓储区的盈利模式

(三)堆场区、联运区的基本运营

本节提到的堆场区不含海关监管、商检查验和保税等功能。

1. 基础服务的盈利途径

(1)装卸、搬运:在物流基地内发生的汽车、火车、驳船所载集装箱、件杂货和大宗散货的装卸搬运。

(2)堆存:集装箱、件杂货和大宗散货在港口站场或港外集装箱中转站、货运站堆场的存放保管。

(3)理货:在收受和交付货物时,港口的理货机构在港口对货物进行计数、检查货物残损、指导装舱积载、制作有关单证等工作。

(4)拆装箱:集装箱的拆装箱作业。

(5)运输:将货物运输到目的地,按重量、规格、货种、里程等计价。

2. 增值服务的盈利途径

(1)流通加工:将原材料根据需要加工成半成品或产成品。

(2)集装箱箱体业务:对集装箱进行消毒、熏蒸、检查和维修作业,对车辆和集装箱进行排污、清洗等作业,对冷藏集装箱式冷藏车进行预冷作业等。同时为国家检疫部门提供场所,如卫生检疫部门对集装箱进行检疫、检查、处置,动植物检疫部门对集装箱进行检疫、检查、消毒。

(3)通过引进堆场服务企业,促进货源信息集聚,带动配送配载企业的发展,从而进一步带动办公、商务以及相应的生活配套和设施配套的需求,促进三产的发展,以此提高物流基地整体的税收产出;开展附加值更高的服务,如金融服务、销售代理等。

(4)发展贸易产业:以物流基地核心货种为主要原材料,发展具有良好的产业服务链延伸条件的贸易产业。建立专业的交易市场,收取交易费用。

堆场区、联运区的盈利模式如图 2-8 所示。

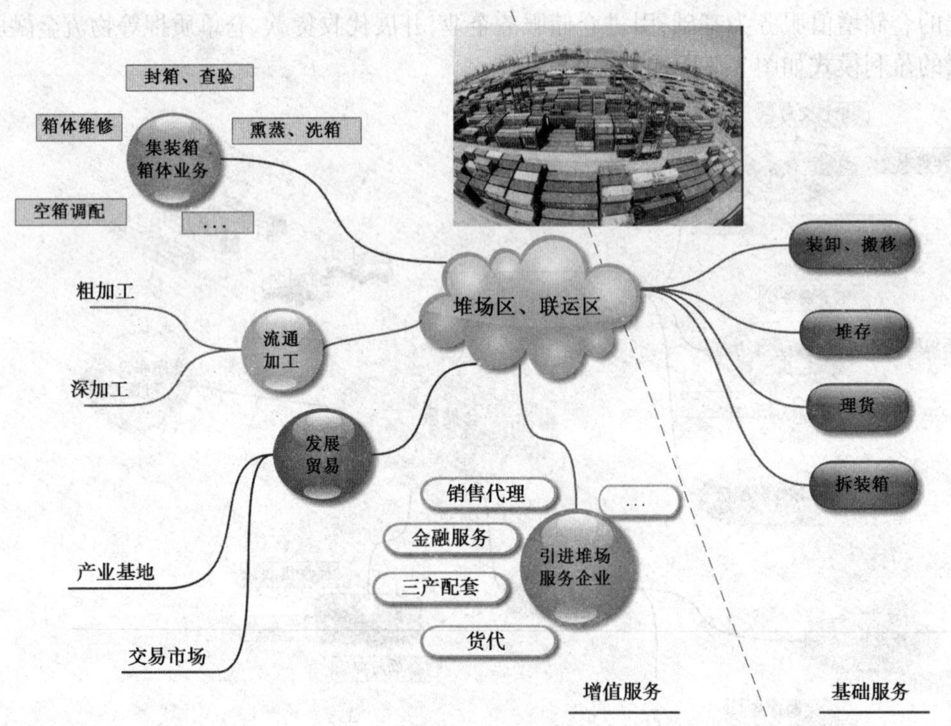

图 2-8　堆场区、联运区的盈利模式

(四)保税物流区的基本运营

保税物流区的盈利模式如图 2-9 所示。

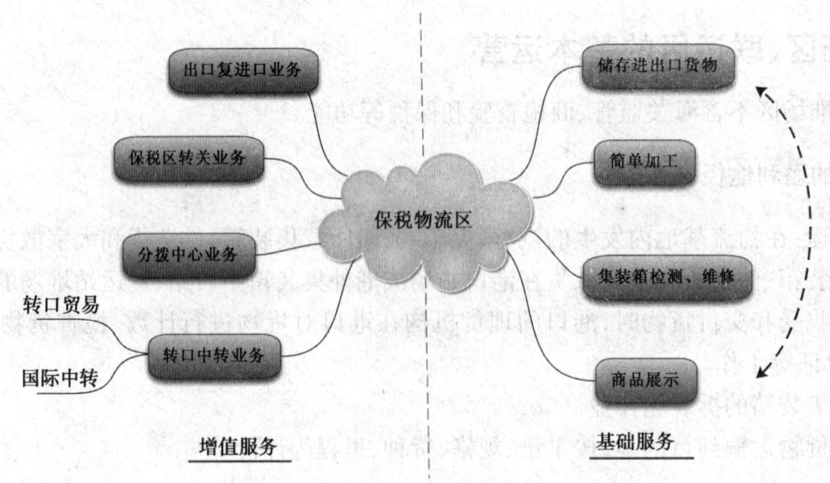

图 2-9　保税物流区的盈利模式

1. 基础服务的盈利途径

(1)存储进出口货物及其他未办结海关手续货物,并对货物进行监管。

(2)对所存货物进行流通性简单加工,如红酒灌装等。

(3)检测、维修,对集装箱体进行检测和维修。

(4)检验检疫、报关等服务。

(5)对于进口货物在未通关前,在保税物流区内进行商品展示。

2. 增值服务的盈利途径

(1)开展出口复进口业务:如图2-10所示,该业务针对两头在内(即生产地在国内,销售地在国内)的保税货物交易,得益于保税物流区"国内货物进区退税"政策。使以往的"香港游"变成"区内游",降低了物流成本,缩短了交货期,特别有利于专业化分工明确、衔接紧密的行业上下游流转。

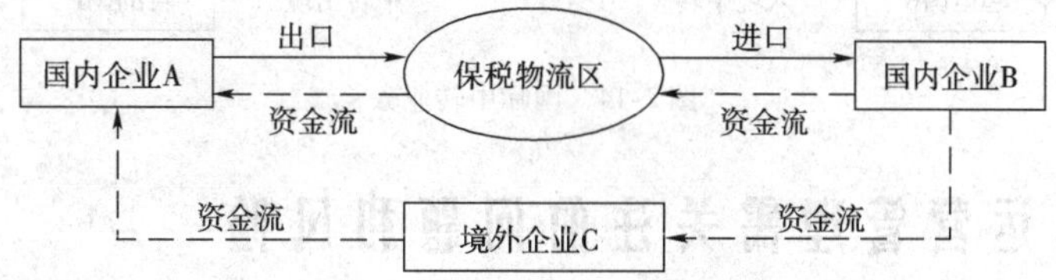

图2-10　出口复进口业务

(2)开展保税区转关业务:如图2-11所示,该业务先将货物出口到保税物流区完成收汇退税,然后保税转关到保税区,进入保税区业务网络。该业务充分结合了保税物流区的出口退税政策和保税区的原有业务基础,将国内制造企业与保税区的业务网络基础紧密结合起来,使国内货物能够通过物流园区便捷地进入保税区企业的分销网络,相互促进物流区和保税区的共同发展。

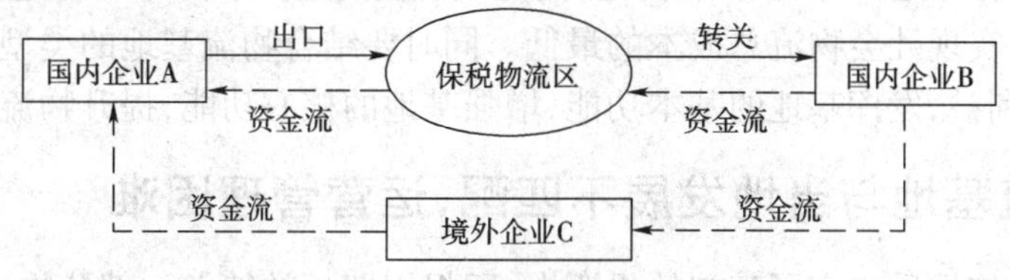

图2-11　转关业务

(3)开展分拨中心业务:如图2-12所示,该业务一直是保税物流区各政府部门大力推广的主要业务。在区内设立分拨中心,先通过向境内外供应商大批量集中采购,以吸引货物和资金向区内聚集,然后在分拨中心进行分拣处理组合后再向境内外客户分拨辐射出去。该业务的优势是向供应商集中采购可以形成批量,降低采购成本,经分拨中心分拣处理后,可以根据订单要求,满足客户个性化的产品组合需求,降低运输成本。同时可在此基础上建立大宗货物的期货交易中心。

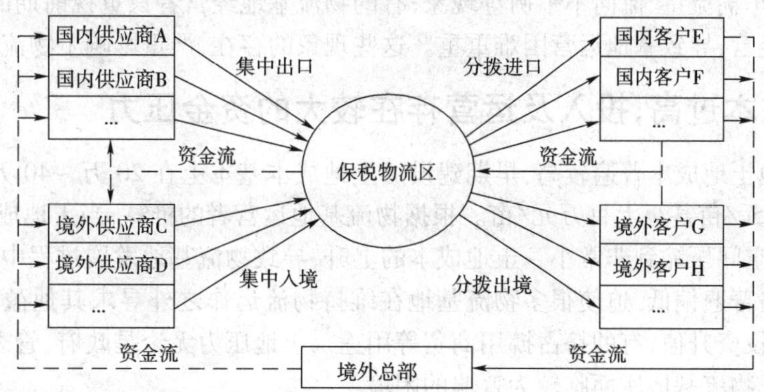

图2-12　分拨中心业务

(4)转口中转业务:如图2-13和图2-14所示,该业务分为转口贸易和国际中转业务。

转口贸易主要是针对两头在外(即供货地在境外、目的地在境外)的国际贸易,对进入保税物流区的境外货物存储后直接转口到其他目的国或地区,资金流可以通过区内贸易企业,也可以境外企业结算。

国际中转主要针对船公司的集装箱分拆集拼,对不同起运国的集装箱货物,进入保税物流区后进行快速分拆,然后将发往同一目的国的货物重新拼装在一起发往目的国。

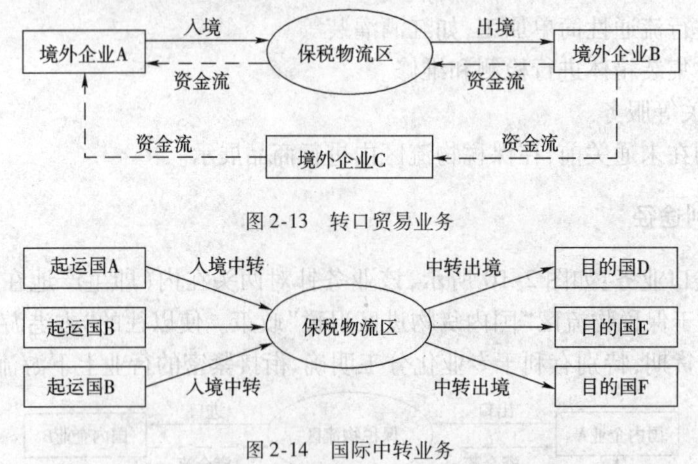

图 2-13　转口贸易业务

图 2-14　国际中转业务

四、物流基地运营管理需关注的问题和风险

不同类型的物流基地一般都具有不同的功能及配置相应的物流设施,在运营模式上也有各自的特点和优势。对于物流设施而言,在不同类型物流基地中也会具有不同的环境和条件,发挥的服务功能也有差异。由此物流基地运营模式的设计应该因地制宜、因时而异,这样才能制定出真正符合自身特点的商业模式。

运营模式设计的目标考虑的不是某个设施,而是物流基地整体,目的是通过实现资源整合、信息共享、提高物流服务水平,实现社会物流总成本的最低。同时要结合物流基地的类型和区域产业特点,兼顾园区投资方、经营方的利益,发挥基地的基本功能,增强基地的核心功能,提升物流延伸服务功能。

(一)部分物流基地与当地发展不匹配,运营管理困难

物流基地的基础设施性质决定了其初始投资大、回报周期长的特点。部分物流基地前期概念性规划滞后或指导性不强,又缺乏实地调研,功能定位不明确,忽视了紧密联系当地实际情况和经济基础,给后续管理和运营留下"后遗症"。主要问题表现在以下四个方面:与区域经济发展规划衔接不够,对实际物流需求了解不清楚,导致物流基地发展定位不明确,往往将工业、商贸、物流、各类基础设施项目等统统进行整合包装,占地面积偏大,盈利模式不清晰;与交通运输规划缺乏有效衔接,导致交通线路衔接不畅、运输效率低下、中转联运难以实现;与城市建设规划、行业资源配置等缺乏统筹规划,导致物流资源闲置、资源利用不平衡、配送车辆流量、流向不平衡等现象;有的物流基地经营者只重视前期的卖地、招商,不重视整体规划以及后期经营,导致基地运营困难重重。这些现象的存在,严重影响了物流基地的生存和发展。

(二)土地成本过高,投入及运营存在较大的资金压力

浙江省物流基地土地成本普遍较高,早期建设的土地成本基本上在 20 万 ~40 万元/亩,当前有些地区达到60 万 ~80 万元/亩甚至上百万元/亩。根据物流基地运营者的推算,当土地成本超过30 万元/亩,基地运营困难,盈利空间压缩到非常小。土地成本的上升,导致物流基地发展过程中经营成本不断增高,而物流基地租金价格普遍偏低,迫使很多物流基地在维持物流运作之外寻求其他盈利的途径,有的物流基地圈占土地、等待投资升值,有的挤占挪用商贸等用途。土地压力无论是政府、管委会或国企还是民营企业为投资主体建设物流基地所面临较为普遍的困境。

(三)经营模式仍以粗放式为主,同质化现象较严重

浙江的经济以民营为主,生产比较分散、多数产品附加值不高,对运输或物流的需求,体现在物流基

地实际运营上仍以大量的专线运输为主要服务对象。而传统的仓储、运输本身效益就不高，又受土地成本高、指标难以获得等问题的困扰，基地不可能从物业出租中取得高收益。多数物流基地（包括一些重点物流园区），在经营模式上仍以粗放式为主，采用“招商”、“出租”和“售楼”的经营思路，缺乏对入驻物流企业的培育，无法提升入驻企业业务运作水平和经营服务能力，无法发挥物流基地的平台优势和集聚效应，实现物流园区与入驻企业共赢的良性互动局面。

而且在实际运营中，缺乏对实际物流需求的市场调研、全局性竞争分析，无法形成鲜明的特色和核心竞争力。物流基地辐射区域重叠、服务同质化现象比较明显。造成了重复建设、资源浪费，产生较大的明显的效益更难，不利于物流基地长期可持续健康发展。

（四）物流基地人才缺乏现象突出

与物流基地业务量迅速膨胀相比，部分物流基地没有表现出与业务规模相当的管理水平以及营销运营水平，缺少完整的工作体系，工作推进基本取决于老板一个人的意志，导致各项工作进度缺乏连贯性，缺乏系统的员工成长、晋级体系，团队再学习能力不强，依然给人留下“超大型托运部”的印象。

根据调研，从人才需求状况来看，仓储、特种作业与运输三类业务人才需求占全部人才需求的20%左右，物流信息管理、营销管理、供应链设计以及国际物流业务管理等人才需求很大，占比均在30%以上，而综合性物流管理人才的需求更是位居首位。这在很大程度上反映出物流基地亟待提高运营管理水平的现实需要。

（五）忽视对物流新技术装备与管理的投入和积累

部分基地经营者对于现代物流业在功能、设施设备及管理、技术等方面的科技认知不足。不少物流基地的经营者热衷于大型设施设备的固定资产的投入，而忽视了对现代先进物流技术装备与管理的规划和投入，大多数物流基地没有一套完整、科学、流畅的业务运作流程，仍以传统的“人海战术”为主。手工操作使得设备利用率大大降低，堆垛方式的落后，不利于设备养护保管，并且造成货损货差。

五、物流基地的货运服务管理规范

根据现阶段物流基地的主要类型和运作情况，本节所涉及的货运服务主要是指在专线运输和仓储等基础功能的服务。

物流基地的货运服务管理规范，主要反映物流基地自身和入驻客户的关系，用于规范双方的权利和义务。作为物流基地的运营方可利用自身的平台、品牌和地位，集聚社会车辆、中小物流企业和配套服务企业（个体户），以及周边物流业务外包工商企业的物流外包信息（如图2-15所示）；为入驻客户提供设施、服务和需求资源，如能源的集体采购、维修、餐厅、检验检测等；帮助申请政府各有关部门的支持，如投资、贷款、税收等；吸引政府相关部门办事机构入驻物流基地，为入驻企业提供“一站式”服务（如图2-16所示）。基地运营方帮助入驻客户专注于核心业务、提高客户核心竞争力，平台各类企业实现共赢。对于入驻物流基地的物流客户，则需要遵守物流基地内的一系列管理规范，在经营资质范围内诚实经营。

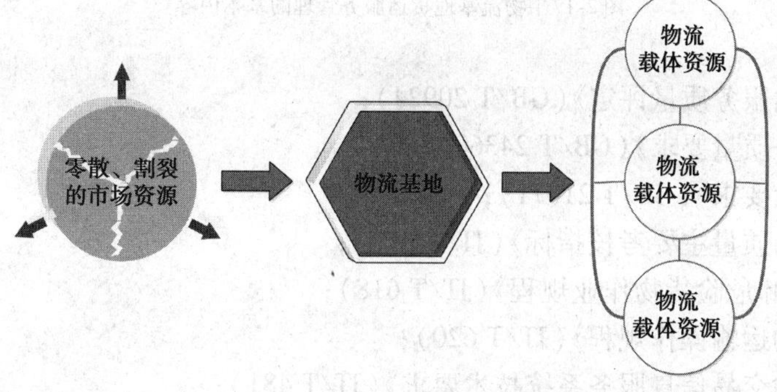

图2-15　物流基地集聚市场资源

根据现有的运营经验,物流基地与入驻客户双方所涉及的规范内容主要包括准入(变更、退场)管理、服务设施管理、作业管理、安全管理、质量监督管理、信息系统管理等,如图 2-17 所示。

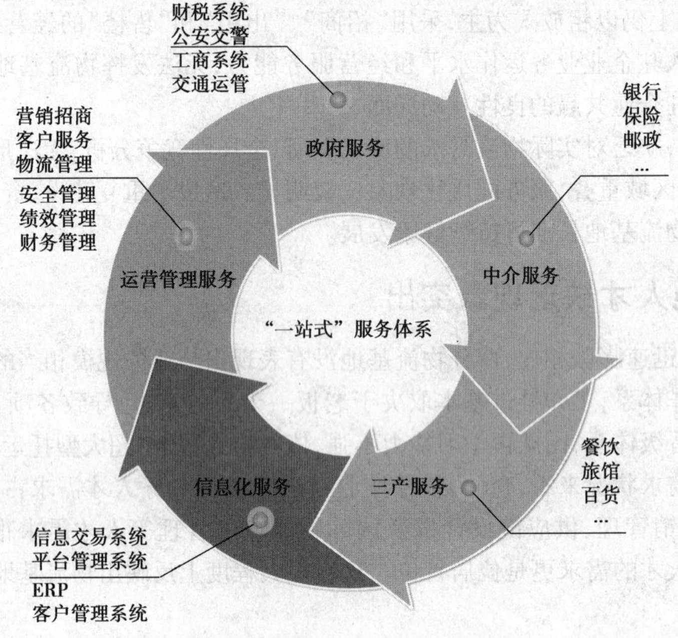

图 2-16 物流基地"一站式"服务体系

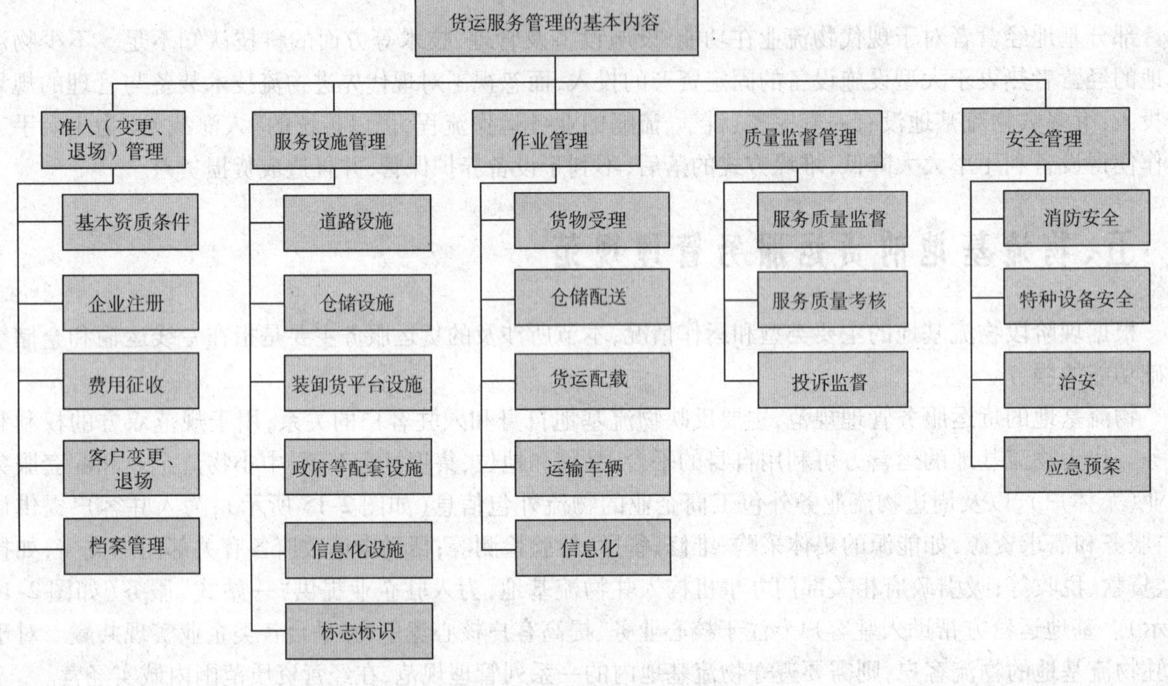

图 2-17 物流基地货运服务管理的基本内容

文件依据:

(1)《道路货物运输服务质量评定》(GB/T 20924);

(2)《多式联运服务质量要求》(GB/T 24360);

(3)《仓储服务质量要求》(GB/T 21071);

(4)《汽车货物运输质量主要考核指标》(JT/T 619);

(5)《汽车运输、装卸危险货物作业规程》(JT/T 618);

(6)《汽车快件货物运输操作规程》(JT/T 620);

(7)《道路货物运输交易信息服务系统技术要求》(JT/T 481);

(8)《道路运输电子政务平台数据交换格式》(JT/T 655);

(9)《道路交通标志和标线国家标准》(GB 5768)。

(一)准入(变更、退场)管理

物流基地对拟选的入驻客户应按规定程序进行受理、审核,并在承诺时间内办理完成相关手续,将审核结果及其合法有效的相关证明材料进行备案。

1. 基本资质条件

入驻客户必须是具有经营资格的独立法人地位核算单位,申请在物流基地内从事物流服务,必须符合相应经营资质的要求,如道路运输经营许可证;入驻客户聘用的从业人员应具有相应的从业资格,并能提交合法有效的证明材料报物流基地审核;入驻客户应按照进站经营协议进行经营,必须遵守法律、职业道德,接受政府和社会公众的监督。

2. 企业注册

入驻客户需在物流基地内注册分支机构或经营机构,确保税收产出在物流基地内。

3. 费用征收

以资质和业务范围划分标准,对不同资质和业务范围的入驻客户征收不同管理费。入驻客户承约按时缴纳,同时净资产能满足经营活动要求。

4. 客户变更、退场

入驻客户拟变更名称、经营范围、规模、主要负责人或投资人,应于预计变更日起提前向物流基地提交变更申请,若整体改变或局部改变其货运功能的,还需报同级道路运输管理机构审批,阐述变更理由及其法规制度依据,变更申请获准后,应于预计变更日起向社会公告。

入驻客户拟暂停或终止经营的,建议应当提前向物流基地申请,并向社会公告。

5. 档案管理

物流基地建立的客户档案,包括营业执照、经营资质证明材料、人员从业资质、设施设备的证明材料等。客户档案应有专人负责,对资料发生变化的进行及时更新。

某物流园区仓库租赁合同

出租方(甲方):××××物流有限公司

地址:

联系电话:　　　　　　　　　　联系人:　　　　　E-mail:

承租方(乙方):________________________

地址:______________________________

联系电话:　　　　　　　　　　联系人:　　　　　E-mail:

营业执照:

根据国家及省市有关法规规定,经甲、乙双方协调一致,甲方同意将下述物业出租给乙方使用,并达成如下条款,订立本合同。

第一条　甲方将位于××××物流园区内的仓库,面积为________平方米出租给乙方使用。本租赁物的功能为仓储。如乙方需转变使用功能,须经甲方书面同意后方可执行,因转变功能所办理的全部手续及费用由乙方自行负责。甲方负责租赁物的管理,保证乙方对其承租房屋拥有使用权。

第二条 租赁期限为______年,即从______年______月______日起至______年______月______日止。

第三条 在本出租合同生效之日起______日内,甲方将租赁物按现状交付乙方使用,且乙方同意按租赁物及设施现状承租。交付时双方对基础设施的状况以交接单的形式签字确认,并可附照片。对分期交付的,分期交接确认。

第四条 租赁费用

1. 仓库租赁每月租金为______元。装卸费用及叉车使用费以实际发生费用为结算标准,由乙方自行支付。

2. 乙方应于每月的______日之前向甲方支付当月租金,乙方逾期支付租金,应向甲方支付滞纳金,滞纳金额按所欠租金的 ‰支付。

3. 乙方在租赁期间须严格遵守《中华人民共和国消防条例》以及其他防火规定,积极配合出租方做好消防工作,不得存储、堆放任何危险品、违禁品,否则,由此产生的一切责任及损失由承租方承担。

4. 在租赁期内,乙方负责购买包括甲方财产在内的租赁物的保险及其他必要的保险(包括责任险);若承租方未购买上述保险,由此而产生的所有赔偿及责任由承租方承担。

5. 乙方在租赁期满或合同提前终止时,应提前将租赁物清扫干净,搬迁完毕,并将租赁物交还给甲方。如乙方归还租赁物时不清理杂物,则必须支付清理杂物所产生的费用。

6. 乙方在使用租赁物时必须遵守中华人民共和国的法律、地方法规以及有关租赁物物业管理的有关规定,如有违反,应承担相应责任。由于乙方违反上述规定而影响建筑物周围其他用户的正常运作,所造成的损失由承租方赔偿。

第五条 园区管理租赁费用

1. 租赁期间甲方对房屋及其附属设施进行检查、修缮,乙方应予以积极协助。

2. 使用不当造成房屋及设施损坏的,乙方应及时通知甲方给予维修,由此发生的费用及造成的损失由乙方承担。因乙方原因延误维修,造成他人人身、财产损害的,由乙方承担相关责任。

3. 租赁期间,租赁房屋的防火安全、门前三包,综合治理及安全、保卫等工作,乙方应执行当地有关政府部门规定,接受甲方监督检查并承担相应法律责任。

第六条 合同解除

1. 在租赁期内,若遇乙方欠交租金或其他费用超过______天,甲方有权提前解除本合同,在甲方以书面方式通知乙方之日起,本合同自动终止。甲方有权留置乙方租赁物内的财产(包括受转租人的财产)并在解除合同的书面通知发出之日起______日后,甲方将申请拍卖留置的财产用于抵偿乙方应支付的全部费用。

2. 如一方确需提前解约,须提前2个月书面通知对方,且向被租方交回租赁物、承租期的租金及其他因本合同所产生的费用。并应于本合同提前终止之前向对方支付相当于当月租金的2倍的款项作为赔偿。

第七条 因发生严重自然灾害等不可抗力因素致使任何一方不能履行本合同时,遇有上述不可抗力的一方,应立即书面通知对方,并应在30日内,提供不可抗力因素的详情及合同不能履行,或不能部分履行,或需延期履行理由的证明文件,遭受不可抗力的一方由此而免责。

第八条 本合同提前终止或有效期届满,甲乙双方未达成续租协议的,乙方应于终止之日迁离租赁物,并将其返还甲方。乙方逾期不迁离或不返还租赁物的,应向甲方支付租金,但甲方有权坚持收回租赁物,强行将租赁场地内的物品搬离,且不负保管责任。

第九条 本合同未尽事宜,经双方协商一致后,可另行签订补充协议。本合同一式四份,甲乙双方各执两份,本合同经双方签字盖章后生效。

甲方(印章): 乙方(印章):

授权代表(签字): 授权代表(签字):

时间: 年 月 日 时间: 年 月 日

（二）服务设施管理

物流基地应配置与基地产业发展相适应的电力、供照明、排水、道路、消防和防汛等基础设施。基础设施应符合《物流园区分类及基本要求》（GB/T 21334）的要求；并设有仓库、停车场、装卸货平台、通信、信息化等主要服务设施。不同类型的物流园区可根据需要建设铁路专用线和专用码头等设施。服务设施应符合 GB/T 21334 的要求。

1. 道路设施

（1）应建有能满足入驻企业活动所需的由主要道路、次要道路和辅助道路构成的道路系统，其主要道路、次要道路应纳入城市道路系统统一规划建设；

（2）车辆行驶通道应满足安全行驶的需要，并符合国家道路规划设计标准，应满足大型载货车通行要求；

（3）道路、作业区及仓库上方架设管线架或其他障碍物时，其净高应高于运输车辆和消防车辆要求高度的 1m 以上。

2. 仓库设施

（1）应建立与服务类型相适应的仓库。冷藏库的建设应符合《冷库设计规范》（GB 50072）。危险品仓库的建设及储运条件应符合《常用化学危险品贮存通则》（GB 15603）和《危险化学品经营企业开业条件和技术要求》（GB 18265）的规定；

（2）仓库应有抗风、防雨、消防和防盗等功能特性，并根据需要安装防雷设施和必要的监控设施；

（3）根据需要可设置专门的流通加工功能区或者特殊要求的加工区，并符合国家相关法规和标准规定。

3. 装卸货平台设施

（1）装卸货平台建设应根据货物类型、作业方式等进行设计，应满足大型载货车作业需要；

（2）应根据货物类型和实际作业需要搭建防雨棚等必要设施；

（3）可根据需要建设适当数量的可调节平台或配备平台高度调节板，满足不同车型的货运车辆的装卸货需要。

4. 政府等配套设施

（1）应为工商、税务等服务机构的进驻提供相应的配套设施，并逐步完善"一站式服务"的功能。

（2）应为银行、保险等各项支持服务机构的进入提供相应的配套设施，并为入驻企业提供必要的商业服务。

5. 信息化设施

（1）应建设符合国家和行业信息化标准的物流公共信息平台（设施、设备和软件），具有基础通信、信息管理、电子服务、信息安全等功能；应为入驻企业提供具有数据通信、固定电话、移动通信和有线电视等方面基础功能的基础通信设施；

（2）鼓励物流基地信息网络与其他相关公共信息系统（平台）连接。

6. 标志标识

物流基地内应设置各种功能指示和服务标志标识，正门、主要入口处或咨询处应设有物流基地整体布局图。

（1）标志标识可采用固定显示牌、临时标牌、电子显示牌和广播、视频系统等形式。标志用公共信息图形符号应符合公共信息标志用图形符号(GB/T 10001)的要求。

(2)应将《道路运输经营许可证》、《营业执照》、《市场登记证》、《税务登记证》等有关证照集中、规范悬挂于办公场所明显位置。收费项目和收费标准,在其经营场所公布,管理办公室等场所公示监督电话。

(3)应设置货运站房、信息交易中心、仓库、堆场、停车场、危险场所、厕所和出入口等主要设施明显标识,导向标志的视觉效果不得有其他障碍物阻挡。

(4)主要道路地面应当标有紧急疏散方向的指示符号,进出通道及停车场应设置地面标线标识,引导货物、车辆安全通行。物流基地内车辆导向标识内容、指示方位应当根据外部交通管制及站内营业布局的调整及时进行补充和更新,以保证导向标识的准确性及有效性。

(三)作业管理

1. 货物受理

(1)入驻客户应按照行政许可的经营范围,并结合物流基地的相关条件,在能够确保安全完好的前提下受理货物,填写货物受理相关单证,不得拒绝货主或其代理人正常合理的要求。

(2)客户货物受理时应明确货物运输、保管、搬运装卸等条件,物流基地签字确认后视同对托运人的承诺,应严格按照承诺执行。

(3)物流基地应对所有受理货物进行核验,确保其真实性,客户不得受理或组织运输法律、行政法规禁运的货物。如发现托运违禁货物或进站车辆已装运违禁货物,物流基地应向有关机关举报。

(4)鼓励客户使用新技术,应从设施设备、技术保障等方面积极支持多式联运、甩挂运输等先进的运输组织形式。受理的货物按照《汽车运输货物条码编码规则》(JT/T 648)的规定进行货物条码的编制和使用。

2. 货运配载

(1)应设立零担快运配套设施,并有专门的零担快运作业区。

(2)托运方应通过与承运方签订合同来办理承运手续,并明确权利和义务,车辆和车主各类证件必须齐全,车辆符合技术要求;承运方按车辆标记吨位配载,不得超高、超长。

(3)集零为整货物不得混装危险物。

(4)货物装卸时,要与承运方清点货物,办好手续。物流基地应参照有关规定和技术标准规范其站内的运输及搬运装卸行为。

3. 仓储配送

(1)应根据不同类型的仓储设施,为客户提供储存、转换、运输衔接服务;

(2)建立配送服务设施,设置专门的配送作业区,提供配送、流通加工服务;

(3)从事仓储服务的企业必须按货主或其代理人的要求以及货物的性质分类存储,作业完毕,办清交接手续;除依法设立的危险货物存储场地外,入驻客户不得存放、包装、搬运、装卸危险货物,不得将危险货物与普通货物混放;

(4)取得危险货物储运许可依法受理危险货物的物流基地,要独立设置危险货物受理、储存及作业区域;仓库管理人员需经专业培训,取得岗位证书。

4. 运输车辆

(1)建立运输车辆管理系统,健全车辆进出、装载、配载登记、统计制度,为客户提供车辆信息查询服务,并按规定向道路运输管理机构报送相关信息。

(2)科学地进行站内交通组织,维护站内交通秩序,确保站内车辆行驶和停放的安全,车辆需按照基地规定停放,严禁占用消防通道及紧急疏散通道停放车辆。

(3)应在进出口设置检查点并配置必要的设施设备,审核进出车辆的行驶证、营运证以及驾驶员的驾驶证、从业资格证的真实性,禁止资质不合格的车辆及驾驶员进出站。没有危险货物经营资质的物流基地严禁危险货物运输车辆进站。

(4)设立超限源头治理工作岗位并配备必要的计量设施设备,明确工作职责以及建立相关责任追究制度;登记超限进站车辆,并劝阻其出站,对不听劝阻的,应及时通报道路运输管理机构。

(5)按相关国家及行业标准配置车辆安全检测设施设备,对出站车辆进行安全检查并予以登记,保证运输安全;依法经营危险货物的物流基地,应单独设置危险货物专用车辆停车场,并应配备专人负责管理。

浙江某物流基地车辆出入停放规定及收费标准

1. 为规范车辆出入和停放秩序,为确保安全作业,打造良好的经营服务环境,特制定本规定。

2. 所有进入本物流基地的车辆视为自愿接受本规定的管理。

3. 物流基地为车辆提供各类配套服务,进入的车辆必须按规定支付综合服务费。服务费包括配货交易、信息咨询、秩序管理等内容,不包括车辆及附属物品保管费等其他费用。

4. 车辆入场前,驾驶员在收费亭领取IC卡,并按收费亭工作人员要求提供相关证件和信息;车辆出场时,出示IC卡,支付相应费用;办理服务年卡的用户,按年付费,并遵守年卡车辆相关规定。出场车辆拒付费用或逃费,物流基地每次加收综合服务费贰佰元整。

5. 进场车辆按照规定行驶,基地内限速5km/h,并在指定停车区域内有序停车并控制车距,任何车辆禁止停放主通道上。其中,仓储区作业车辆停在该经营户门前黄线区域内,未作业车辆,一律停在指定停车区域。

6. 车辆进场后,驾驶员必须及时对车辆进行检查,确定车辆安全并切断油路电路等安全问题后方可离开。贵重物品及随车备品请自行妥善保管;损坏基地内设施,照价赔偿。

7. 车辆停放后驾驶员及随车人员在停车区域内的滞留时间不得超过半小时,严禁车内留宿,禁止在停车场内大小便,禁止从车上卸下垃圾。

8. 禁止携带易燃易爆危险品的车辆驶入基地,严禁在停车区域或仓储区吸烟或以任何理由使用明火,严禁在停车区域或仓储区内修车。

9. 违反本管理规定,须按物流基地管理要求整改,并按本规定支付50~200元综合服务费,拒不整改或拒不支付综合服务费,物流基地将进行强制手段等方式处理,直至整改完毕并交清费用;若给基地造成不良影响,物流基地将按不低于十倍综合服务费标准收取费用。

10. 本规定由浙江某物流基地有限公司在法律规定范围内修订和解释,自发布之日起实施。

5. 信息化

物流基地应逐步构建面向物流基地运营方的“物流基地内部管理系统”、面向入驻物流企业的“物流企业业务管理系统”(仓储和运输)、面向公众的“诚信管理系统”和“公共服务系统,如图2-18所示”。通过信息系统构建使得物流基地内部客户协同、信息系统网络化管理、对外互联互通(如图2-19所示)发挥作用、实现支持基础服务收益等。

1)物流基地内部管理系统

系统通过基地与物流企业之间的网络联系,为客户提供物流全程服务和个性化服务,包括物流企业管理、工商企业管理、仓储配送管理、货运交易管理、财务结算管理等。

2)物流企业业务管理系统

系统可为工商企业提供仓储信息管理和维护,为物流企业提供订单管理(统一订单),以及一站式供应链服务;提供增值数据分析功能,对货流方向、货品分布、货流趋势提供分析,对运作成本进行分析并提供辅助规划方案。

系统还可为物流基地客管中心提供客户管理,维护基地客户档案信息的功能,并实现部分客服流程

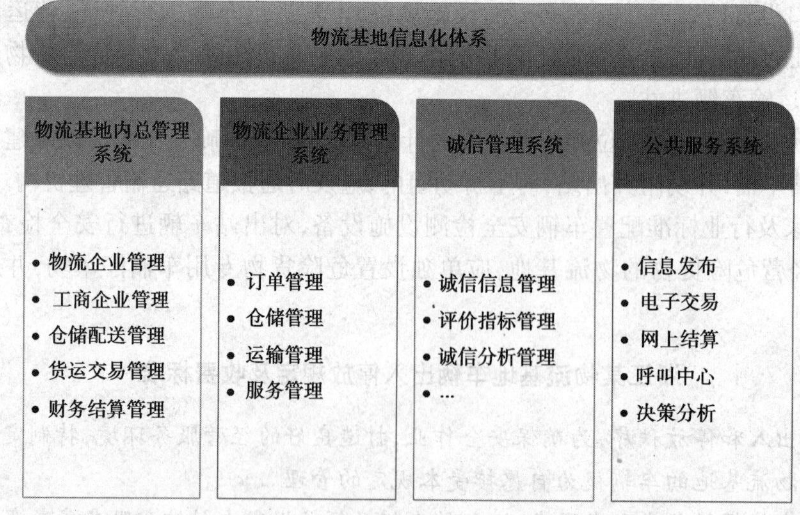

图 2-18 物流基地信息化体系

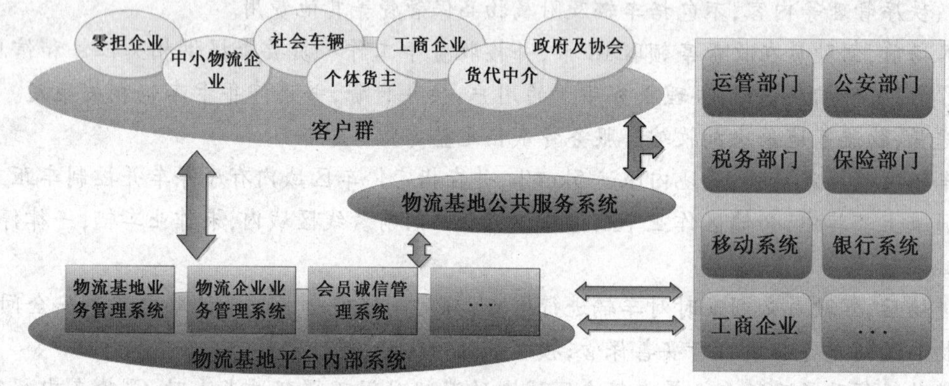

图 2-19 物流基地信息系统与外部互联

的电子化操作;为物流基地客户提供相应查询,以及切入其他系统模块进行相应操作的功能。

3)诚信管理系统

系统可通过信用评价,建立会员企业的信用档案;通过会员制管理,形成自评机制、行业协会评价机制、第三方评价机制,诚信评价结果要及时地反馈给企业。一方面使它们能够及时知道企业当前诚信评价结果,另一方面起到引导企业经营行为,提高企业服务质量,促进企业诚信建设的作用。

对运输车辆提供诚信车辆认证服务,构建诚信车辆认证系统,提供权威性的车辆牌照、驾驶证、车主或驾驶员身份证的"三位一体"验证,帮助货主杜绝骗货的情况发生;诚信车主也可通过申请诚信车辆认证,加入基地诚信车辆数据库,增强公信力和竞争力;诚信的企业可以通过媒体向社会进行公布,扩大诚信企业的影响,提高诚信水平的知名度,如图 2-20 所示。

4)公共服务系统

系统用于建立包括信息发布、电子交易、网上结算、呼叫中心、决策分析等子系统的公共服务系统,提供即时发布和查询运力车源货源信息、货物跟踪与车辆验证、客户诚信查询、网上报价、网上交易和结算等功能;为行业管理部门提供统计、分析报表。

(四)安全管理

物流基地应设有安全管理机构,规定相应的管理制度,实施安全管理;物流基地出入口、主要通道、警示标志等应有照明设备,照明设施应保持完好。

1. 消防安全

(1)物流基地建设和管理应符合相关消防安全的法律法规要求,应制定消防管理制度,定期对人员进行消防安全教育。

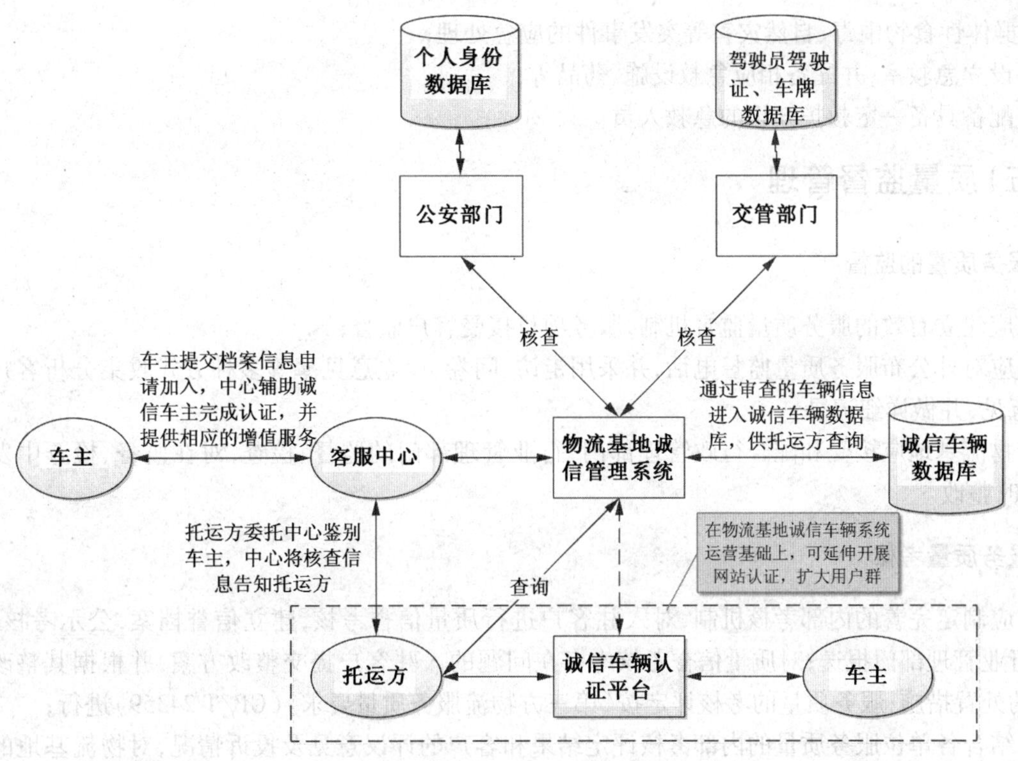

图2-20　诚信管理系统

(2)易燃、易爆和化学危险品应在规定区域进行存放，存放区与其他区域应有必要的安全隔离和相关标识，其贮存、标识等要求应符合《常用危险化学品贮存通则》(GB 15603)和危险化学品企业经营开业条件和技术要求(GB 18265)的规定。

(3)应配置各种消防设备、器具和火警监控系统，对各种消防设备应定期检查，保证在用的消防设施的完好率为100%；应配备专门的人员对易燃、易爆和化学危险品进行监督、检查和管理。

(4)设置消防通道，消防通道应畅通，不得有障碍物。消防标志应明确醒目。

(5)管理人员应取得"安全生产管理"的培训上岗证，并建立消防巡查制度，实施安全检查，做好记录。

2. 特种设备安全

(1)物流基地特种设备管理应遵守《国务院关于修改〈特种设备安全监察条例〉的决定》(国务院令第549号)等国家相关法律法规的要求，建立相应的管理制度，对特种设备实施管理；

(2)应配备专门的人员对特种设备进行监督、检查和管理，管理人员应取得有效的特种设备安全管理员证；

(3)建立巡查制度，实施安全检查，做好记录；

(4)特种设备应按相关规定进行定期检定和维护，确保特种设备安全有效运行。

3. 治安安全

(1)建立相关的治安管理规范，明确治安、巡逻等保卫措施；

(2)应设置相应的治安报警系统；

(3)物流基地管理部门应协同公安部门对园区的治安实施管理，合理设置治安室(岗)，有专职治安人员昼夜值班。

4. 应急预案

(1)应有突发事件的应急预案，预案应包括重大消防事件、治安突发事件、重大交通事故、危险化学

品泄漏、群体性食物中毒、自然灾害等突发事件的应急处理;

(2)设立急救室,并配备相应急救设施、药品等;

(3)配备具备一定救护知识的急救人员。

(五)质量监督管理

1. 服务质量的监督

(1)应建立有效的服务质量监督机制,服务项目接受客户监督;

(2)应对外公布服务质量监督电话,并采用走访、问卷、设立意见簿等多种方式收集分析客户对服务质量的意见,并做详细记录;

(3)物流基地应接受和配合行政管理部门、行业管理部门的监督、检查,对在监督、检查中发现的问题,应及时整改。

2. 服务质量考核

(1)应制定完善的内部考核机制,对入驻客户进行质量信誉考核,建立信誉档案,公示考核结果,可定期向行业管理部门报送;对质量信誉考核中存在问题的入驻客户提交整改方案,并根据其整改效果采取相应的处置措施;服务质量的考核评定按《第三方物流服务质量要求》(GB/T 24359)进行;

(2)结合各单位服务质量的内部考核评定结果和客户的评议意见及投诉情况,对物流基地的服务质量进行综合考核评定;管理部门要对考核评定结果进行分析评价,提出改进意见,及时对服务质量实施改进。

3. 投诉监督

(1)应建立物流基地服务质量投诉受理制度,做到人员落实、设备专用。及时受理投诉、举报并进行调查,以事实为依据,坚持公平公正的原则进行处理,将处理结果及时书面告知投诉人;对整个过程应有完整的文字记录,并归档保存;处理无果的,应积极配合有关部门调查取证。

(2)物流基地内应设立公告栏,公布交通、工商、税务部门以及物流基地投诉监督电话,服务承诺以及安全、卫生等各项管理制度。

第三章　物流基地交通运输行业管理指南

本章面向交通运输管理部门，对其管辖范围内物流基地的规划立项、建设评估、运行管理以及引导扶持等各个环节进行有针对性的行业管理。主要就物流基地规划管理、项目管理、运行管理以及引导与扶持四大行业管理中具体涉及的内容提出建议，如规划立项、工可评估、经营许可、监督管理、指导协调、违法处罚、重点扶持基地评定以及重点扶持基地审查与评估、物流信息化扶持等内容，以便交通运输管理部门在物流基地规划、建设、运营过程中合法、有效、科学地行使行业管理职能，从而维持物流基地正常的市场经营秩序，最大限度地减少货运市场不稳、区域物流成本过高等风险，进而实现物流项目集约用地、交通节能减排、改善物流组织运行效率以及降低社会物流成本的目标。

一、行业管理职责范围与内容

(一)物流基地行业管理职责范围

物流基地管理涉及交通、发改、规划、建设、国土等多个部门，作为主管部门，交通运输部门应将物流基地建设作为交通基础设施建设的一项重要工作来抓，主动承担起本辖区内物流基地及其集疏运体系建设的行业管理工作。

各级交通主管部门应主动承担起本区域内的物流基地空间布局规划(结合综合交通规划、公路货运枢纽规划、城市总体规划等)，同时从交通角度对物流基地项目规划进行相关的立项评估和设计审查工作。

各级交通主管部门所属的道路运输管理机构具体负责物流基地的日常经营许可、监督管理、指导协调、违法处罚、扶持认定与评估等工作。

(二)物流基地行业管理内容

物流基地交通运输行业管理内容主要包括规划管理、项目管理、运行管理以及引导与扶持管理四部分内容。具体管理内容如图3-1所示。

(三)物流基地行业管理依据

(1)《中华人民共和国行政许可法》；

(2)《中华人民共和国道路运输条例》；

(3)《浙江省道路运输条例》；

(4)《公路安全保护条例》；

(5)《道路货物运输及站场管理规定》；

(6)《道路运输管理工作规范》；

(7)《关于加强道路货运车辆超限超载源头治理工作的通知》；

(8)《关于推进全省交通物流基地建设的意见》；

(9)《关于开展浙江省交通重点扶持物流基地和物流龙头企业评定的通知》；

(10)《关于开展省级交通大物流资金扶持重点物流基地评估工作的通知》；

(11)《关于开展物流基地“园区通”试点工作的通知》。

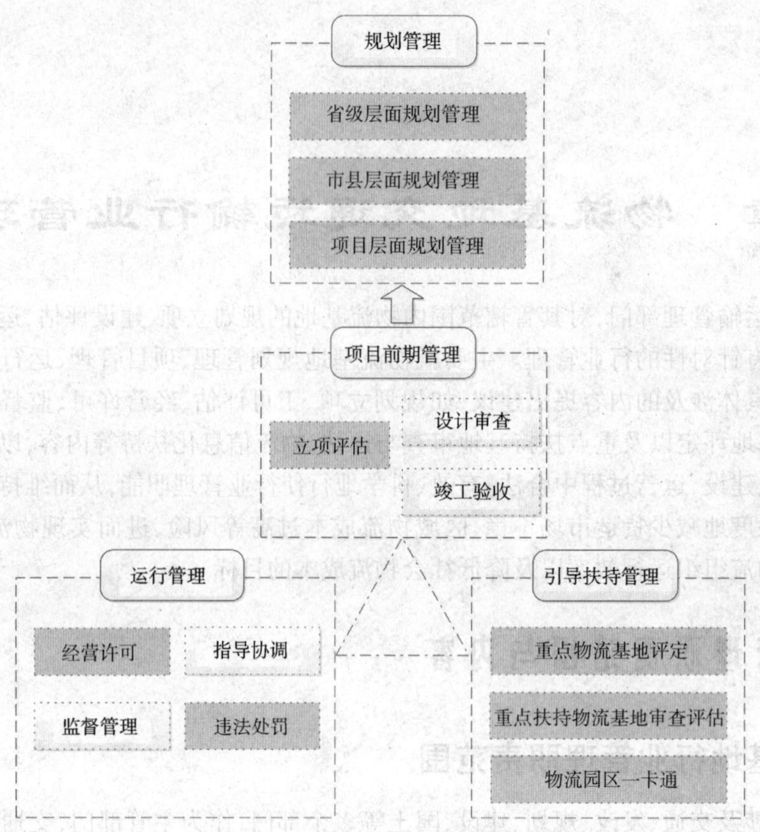

图 3-1　物流基地交通运输行业管理的内容

二、规划管理

物流基地规划管理以物流基地布局规划为主线，辅以科学的规划协调实施机制，建立一个由上而下的物流基地规划管理体系，如图 3-2 所示。

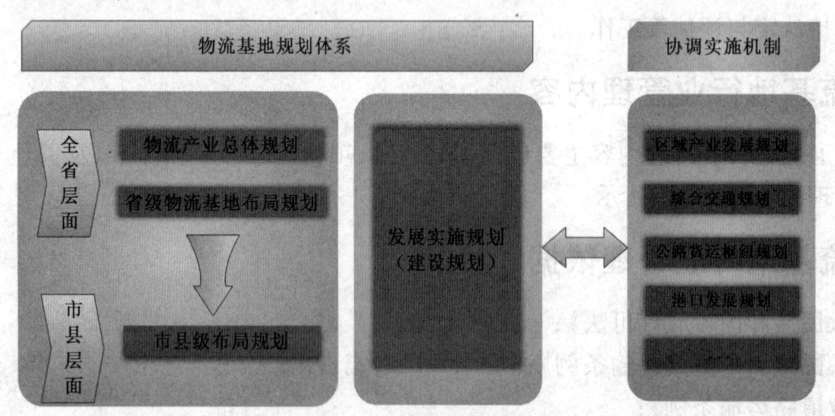

图 3-2　物流基地规划体系和协调实施的内容

(一)省级层面规划管理

省发改委负责牵头组织全省物流产业发展总体规划，交通行业管理部门协助进行规划论证，并从交通行业管理部门角度提出合理化的建议。

省交通运输厅在全省物流产业总体发展规划的基础上，结合区域综合交通规划、货运枢纽规划、港口布局规划、铁路货运站规划等交通规划，牵头组织全省交通物流基地总体布局规划，重点进行省级层面物流基地布局。

(二)市县层面规划管理

市县发改部门负责牵头组织区域内物流产业总体发展规划,重点对区域内物流产业发展政策、引导方向、主体培育等进行规划。交通行业管理部门协助进行规划论证,并从交通行业管理部门角度提出合理化的建议。

市县交通主管部门应在区域物流产业总体发展规划的基础上,结合区域综合交通规划、货运枢纽规划、港口布局规划、铁路货运站规划等交通规划,牵头组织区域内交通物流基地总体布局规划。重点依据交通区位条件,结合产业发展开展具体物流基地项目用地选址、功能规划、规模测算等工作。

有条件的市县可在物流基地布局规划的基础上,编制相应的物流基地发展实施规划,重点对布局的物流基地建设开发时序、实施保障等方面进行规划。

(三)项目层面规划管理

物流基地的规划应结合国家物流产业规划要求、所在区域物流产业导向,根据所在区域的城市总体规划、用地规划和交通设施规划等进行选址,编制符合所在区域城市总体规划和土地利用规划的物流基地详细规划,并通过规划评审。物流基地建设应做好各功能区的规划,建设适合物流企业集聚的基础及配套设施,引导区域内物流企业向物流基地聚集。物流基地建设应加强土地集约使用和发挥规模效益,货运服务型和生产服务型物流基地所配套的行政办公、商业及生活服务设施用地面积应不大于物流基地总用地面积的10%,贸易服务型和综合服务型应不大于30%。

物流基地应参照相关标准重点进行交通影响评价与规划、环境影响评价、基础设施建设以及信息化设施建设四个方面的科学规划。具体项目规划要求如下。

1.基础设施建设规划

物流基地应配套建设与基地产业发展相适应的电力、供排水、通信、道路、消防和防汛等基础设施,并纳入城市基础设施建设的总体规划,应与城市基础设施相衔接。物流基地基础设施的建设,应遵循“一次规划、分步实施、资源优化、合理配置”的原则,防止重复建设,以降低基础设施的配套成本。

(1)物流基地各种基础设施的地下管线敷设,应符合《城市工程管线综合规划规范》(GB 50289)要求。

(2)物流基地应提供满足入驻企业正常生产经营活动需要的电力设施,应根据所属地电网规划的要求,建设符合《城市电力规划规范》(GB 50293)和《供配电系统设计规范》(GB 50052)要求的电力设施和内部应急供电系统。

(3)物流基地应遵守节约用水的原则,提供满足入驻企业的供水设施,并编制符合《城市给水工程规划规范》(GB 50282)规定要求的用水规划;应建设完善的排水设施,应编制符合《城市排水工程规划规范》(GB 50318)规定要求的排水规划,并与所属城市总体规划相适宜。

(4)物流基地应统一建设消防设施和防汛除涝设施,其消防设施工程应由具有消防工程施工资质单位建设,各类建筑的建设应符合《建筑设计防火规范》(GB 50016)的要求;物流基地内各种防汛除涝设施的建设应符合国家及所属地相关法律和规章的规定。

(5)物流基地应为工商、税务、运管、检验检疫等政府服务机构的进驻提供基础设施和相关条件,并逐步完善“政府一站式服务”的功能。

(6)物流基地应为银行、保险、中介、餐饮、住宿、汽配汽修等各项支持服务机构的进入提供相应的配套设施,并为入驻企业提供必要的商业服务。

2.交通影响评价与规划

(1)物流基地建设应开展项目对区域内各类交通设施的供应与需求的影响分析,评价其对周边交通环境的影响,包括项目产生的交通对各相关交通系统设施的影响,分析交通需求与路网容纳能力是否匹配,并对交通规划方案进行评价和检验。

(2)物流基地建设应按交通影响评价的要求,采取有效措施,提出减小项目对周围道路交通影响的改进方案和措施,处理好项目内部交通与外部交通的衔接,提出相应的交通管理措施。

(3)物流基地应建设能满足入驻企业活动所需的由主要道路、次要道路和辅助道路构成的道路系统,其外部主要道路应纳入城市道路系统统一规划建设。

(4)物流基地应设计包括建筑标志系统、设施标志系统、机动车路标系统以及步行道标志系统在内的基地标志系统,并与国家现有的相关标志系统相衔接。

3. 信息化设施建设规划

(1)物流基地应建设具有基础通信平台、门户网站、信息管理平台、电子服务平台以及信息安全等功能的信息化设施。

(2)物流基地应为入驻企业提供具有数据通信、固定电话、移动通信和有线电视等方面基础功能的基础通信设施。

(3)物流基地应逐步建设具有对外宣传、电子政务、电子商务、信息服务、基地信息管理等功能一体化的门户网站,能为基地内企业提供物流公共信息;设有保税物流中心的物流基地,应建设符合海关监管要求的计算机管理系统。

4. 环境影响评价与规划

(1)物流基地规划与建设应进行环境影响评价,并按环境影响评价的要求,采取有效措施,减少环境污染,保护环境。

(2)物流基地应建立与其规模相适应的环境保护和监管系统,并定期开展环境质量监测活动。

(3)物流基地的环境空气应达到《环境空气质量标准》(GB 3095)中的二级标准。

(4)物流基地装卸作业区环境噪声应达到《港口工程环境保护设计规范》(JTJ 231)中装卸作业库场标准,非装卸作业区环境噪声应符合《工业企业厂界噪声标准》(GB 12348)中规定的Ⅳ类标准。

(5)物流基地应规划环卫设施,组织收集入驻企业产生的废弃物,并委托有资质的经营单位来收购和处理这些废弃物,特别是危险品废弃物的处置。

(6)鼓励物流基地的入驻企业通过《环境管理体系规范使用指南》(GB/T 24001)环境管理体系认证。

三、项目管理

(一)立项评估

各级发改、规划、交通、城建、工商、公安、税务等部门按照各自职责分工,负责本辖区内物流基地立项、建设以及后续管理等工作。

针对具体物流基地规划立项工作,交通主管部门从以下几个方面开展立项评估工作并提出相关建议:

(1)物流基地可行性研究报告应对物流基地未来 5 年及运营稳定后货运量和车流量做出明确预测,具体包括货物的种类、流量、流向、最大车型都应作具体分析预测,同时根据基地规模及功能侧重设置合理规模的公共停车场。

(2)针对占地面积 300 亩以下,年货运吞吐量 100 万吨以下的物流基地,应对内部的交通组织进行详细分析,具体包括内部道路布置、各功能区块间交通流量与交通组织分析、道路等级设置、道路最小转弯半径等。

(3)针对占地面积在 300 ~ 1500 亩之间,年货运吞吐量在 100 万 ~ 500 万吨之间的物流基地,除进行上述内部交通组织分析外,还应出具相应的交通影响评价专项报告,具体包括区域交通流量现状、项目交通需求分析、评价项目交通影响程度、交通改进建议等。

(4)针对占地面积在1500亩以上,年货运吞吐量在500万吨以上的物流基地,除进行上述内部交通组织分析和交通影响评价外,还应出具相应的集疏运专项规划报告,具体包括项目外部道路组织、货运通道建设、外部交通枢纽连接方式等。

(5)根据《浙江省道路运输条例》相关规定,道路货物运输站场应按规定接入统一的物流信息服务平台,与"交通运输物流公共信息平台"联网,同时应提出相应的信息化解决方案,建议实施相应的物流基地一卡通工程。

(二)设计审查

(1)设计审查分为初步设计审查和施工图设计审查。项目建设单位委托具有相应资质的设计单位根据相关标准编制项目初步设计和施工图设计,报政府主管部门审查。

(2)货运服务型物流园区或含有货运站功能的综合型物流园区,以及货运站、集装箱中转站等交通基础设施,建议在初步设计(或施工图)审查阶段,由相关部门征求交通运输主管部门的意见后批准。

(3)物流基地集疏运通道等交通基础设施建设初步设计、施工图设计报交通主管部门批准。交通基础设施建设项目(新建、改建)的施工许可按照项目管理权限由县级以上地方政府交通主管部门实施。

(三)竣工验收

(1)政府投资物流基地的验收,实行分级管理,由地方投资主管部门组织,成立验收委员会或验收小组。交通主管部门参与审查项目实施的各个环节,听取各有关方面的工作报告,审阅资料,实地考察工程及运营情况,全面评价项目的设计、施工、设备的质量、进度和成本,分析财务执行情况,考核投资效果。最后提出项目的竣工验收报告,报送投资主管部门。

(2)建议物流基地的交(竣)工验收可单列"交通专项验收",由交通运输主管部门负责。

四、运行管理

文件依据:

(1)《中华人民共和国行政许可法》;

(2)《中华人民共和国道路运输条例》;

(3)《道路货物运输及站场管理规定》;

(4)《浙江省道路运输条例》;

(5)《公路安全保护条例》;

(6)《关于加强道路货运车辆超限超载源头治理工作的通知》。

(一)经营许可

本节所指物流基地特指《浙江省道路运输条例》中所指的道路货运站。

1.许可受理机构

县级以上道路运输管理机构。

2.申请材料

(1)《道路运输站(场)经营申请表》;

(2)道路运输站(场)竣工验收证明和站级验收证明;

(3)拟招聘的专业人员、管理人员的身份证明和专业证书及其复印件;

(4)负责人身份证明及其复印件,经办人的身份证明及其复印件和委托书;

(5)业务操作规程和安全管理制度文本。

3. 许可程序

(1)道路运输管理机构对公路货运型物流基地等的经营许可申请,根据下列情况分别作出处理:

①申请事项不属于本实施机关职权范围的,应当及时作出不予受理的决定,并向申请人出具《交通行政许可申请不予受理决定书》,同时告知申请人应当向有关行政机关提出申请;

②申请材料可以当场补全或者更正错误的,应当允许申请人当场补全或者更正错误;

③申请材料不齐全或者不符合法定形式,申请人当场不能补全或者更正的,应当当场或者在5日内向申请人出具《交通行政许可申请补正通知书》,一次性告知申请人需要补正的全部内容,逾期不告知的,自收到申请材料之日起即为受理;

④申请事项属于本实施机关职权范围,申请材料齐全,符合法定形式,或者申请人已提交全部补正申请材料的,应当在收到完备的申请材料后受理物流基地经营申请,出具《交通行政许可申请受理通知书》。

(2)道路运输管理机构对符合法定条件的物流基地经营申请自受理之日起15日内作出许可决定。15日内不能作出决定的,经实施机关负责人批准,可以延长10日,并应当向申请人送达《延长交通行政许可期限通知书》,将延长期限的理由告知申请人。

(3)道路运输管理机构对符合法定条件的物流基地经营申请作出准予行政许可决定的,应当出具《道路运输站(场)经营行政许可决定书》,并明确许可事项,许可事项为经营者名称、站场地址、站场级别和经营范围;并在10日内向被许可人发放《道路运输经营许可证》。

(4)道路运输管理机构对不符合法定条件的申请作出不予行政许可决定的,应当向申请人出具《不予交通行政许可决定书》。

(5)被许可人应当持《道路运输经营许可证》依法向工商行政管理机关办理登记手续。

(6)中外合资、中外合作、港澳台投资物流基地经营的,应当同时遵守《外商投资道路运输业管理规定》。

外商投资道路运输业管理规定(交通部、外贸部令2001年第9号)

第二条　外商在中华人民共和国境内投资道路运输业适用本规定。

本规定所称道路运输业包括道路旅客运输、道路货物运输、道路货物搬运装卸、道路货物仓储和其他与道路运输相关的辅助性服务及车辆维修。

第三条　允许外商采用以下形式投资经营道路运输业:

(一)采用中外合资形式投资经营道路旅客运输;

(二)采用中外合资、中外合作形式投资经营道路货物运输、道路货物搬运装卸、道路货物仓储和其他与道路运输相关的辅助性服务及车辆维修。

第四条　外商投资道路运输业的立项及相关事项应当经国务院交通主管部门批准。

第五条　外商投资道路运输业应当符合国务院交通主管部门制定的道路运输发展政策和企业资质条件,并符合拟设立外商投资道路运输企业所在地的交通主管部门制定的道路运输业发展规划的要求。

投资各方应当以自有资产投资并具有良好的信誉。

第十六条　外商投资道路运输企业的经营期限一般不超过12年。但投资额中有50%以上的资金用于客货运输站场基础设施建设的,经营期限可为20年。

关于《外商投资道路运输业管理规定》的补充规定(交通部、商务部2003年第12号令)

二、允许香港服务提供者和澳门服务提供者在内地设立独资企业经营道路货运业务。

三、允许香港服务提供者和澳门服务提供者经营香港、澳门至内地各省、市、自治区的货运“直通车”业务。

四、香港服务提供者和澳门服务提供者在内地从事货运“直通车”业务须在内地设立独资、合资或合作企业，并取得道路运输经营许可。

4. 变更、终止与撤销

(1)物流基地经营者需要变更许可事项或者终止经营的，应当向原许可机关提出申请，按有关规定办理。

(2)经营者在取得全部经营许可证件后无正当理由超过180天不投入运营或运营后连续180天以上停运的，视为自动终止经营。

(3)物流基地经营者终止经营的，应当提前30日告知原许可机关和进站经营者，原许可机关发现关闭物流基地可能对社会公众利益造成重大影响的，应当采取措施对进站车辆进行分流，并向社会公告。物流基地经营者应当在终止经营后10日内将《道路运输经营许可证》交回原发放机关。

(二)监督与管理

道路运输管理机构应当加强对物流基地经营活动的监督检查。道路运输管理机构工作人员应当严格按照法定职责权限和程序进行监督检查。

1. 监管体制建设

(1)针对有条件的大中型物流基地，道路运输管理机构应设置驻基地管理办公室(以下简称驻基地办)，派驻运输管理人员，实施驻地管理。对于不具备条件的中小型物流基地，本级道路运输管理机构应与基地建立联系制度，实时掌握基地运行基本情况。

(2)设区的市政府所在城市市区内物流基地，应由所在地的市级道路运输管理机构派驻运输管理人员，设置驻基地办；县(市、区)政府驻地物流基地，应由所在地的县(市、区)道路运输管理机构派驻运输管理人员，设置驻基地办。

(3)建立驻基地管理联席会议制度。联席会议由驻基地办主持，物流基地经营者、进站经营客户代表为会议成员。联席会议可采取定期或不定期的形式召开，研究协调各方利益关系，解决物流基地货运现场管理存在的问题。

(4)驻基地办应设立社会监督电话、意见箱，接待和受理人民来信来访，按有关规定做好处理和反馈工作。

2. 日常监督检查

日常监督检查应遵循“督察、指导、协调、服务”的工作方针，履行以下职责：

(1)按照有关规定，审查进驻基地经营者的经营资格、营运证件。

(2)重点监控物流基地应配备相应的治超检查设施或治超站，建立相关源头治超配套制度，配合道路运输管理部门共同加强源头治超管理。做好与有关部门的协调工作，制止站内超载、违规装卸，纠正查处违章经营行为。

(3)依托物流基地进驻经营者进行运价抽样调查，帮助形成一套具有市场指导意义的价格标准并定期向社会公布，监督物流基地和进站货运经营者执行规定的运价和收费标准，制止扰乱运价及收费标准等违章行为。

(4)监督物流基地与进驻基地货运经营者签订服务合同，调解纠纷、争议，保护当事人的合法权益。

(5)指导物流基地组织好物流高峰期及重大运输任务的运力调配。

(6)指导监督物流基地和进站货运经营者做好安全运输生产工作，保障运输安全。

3. 建立考核机制

(1)道路运输管理机构应当建立物流基地质量信誉考核制度，对物流基地实施质量信誉考核，在综合考核的基础上,确定物流基地的质量信誉等级。

(2)物流基地的质量信誉等级由省级道路运输管理机构考核认定;其他级别物流基地的质量信誉等级由市级道路运输管理机构考核认定。

4. 档案管理

基地主管部门应加强对基地档案工作的宏观管理,在部署、检查、考核基地工作时,同时部署、检查、考核基地档案工作。基地管理机构应当明确分管档案工作的领导,确定管理档案工作的部门和人员,统一管理基地档案工作。对档案工作有突出成绩的单位和个人给予表彰和奖励,对造成档案损失的当事人追究责任。基地管理机构应根据有关规定,结合各自工作、业务和职责范围制定文件材料归档范围和保管期限。归档范围主要有:

(1)文书类:主要包括基地管理机构在行政管理工作中形成的各种文件材料,上级及其他相关文件材料;

(2)城建规划类:主要包括基地概况、总体规划、详细规划、测绘、建设项目选址、规划审批等工作中形成的各类文件材料、图表、文字说明等;

(3)基本建设类:主要包括基建工程项目可行性研究报告、立项、审批、征地、招投标、设计、施工、监理、工程概预决算、竣工验收、维修、改扩建等形成的文件、图纸、表格等;

(4)设备类:主要包括各种机械、电器、车辆等专用设备的全套随机技术文件及在安装调试、使用、维修过程中形成的文件材料;

(5)项目招商和建设类:主要包括本基地制定的政策、规定,招商及项目洽谈中形成的文件材料,项目报批、建设中形成的全套材料(包括立项报告及审批文件、可行性报告及批复、相关设计图纸等);

(6)会计类:主要包括会计报表、会计账簿、会计凭证、会计移交、销毁清册等文件材料;

(7)进驻经营主体类:包括进驻经营主体数量、经营情况、税收情况、运力情况等。

5. 风险管理

在现阶段,由于物流基地的建设用地规模较大,同时承担包括社会停车、公共仓储等部分公共基础服务功能。因此,当地政府与交通主管部门往往会提供包括土地供应、税收、资金补助、配套基础建设等在内的一揽子优惠政策。相应地,为防止出现基地投资者为追求利益而改变基地功能或者占用大量土地用以其他用途的开发,以物流基地名义进行圈地和功能异化等风险,建议由当地政府在项目前期与物流基地投资开发商签订功能建设与服务标准/价格协议,明确其建设发展以及服务水平目标,并在后续开发、运营过程中进行监督,如发现违反协议相关规定,进行约定的处罚。

交通运输部门在对物流基地进行扶持时,也应同时对上述风险进行认定,对于违反相关扶持政策的基地不予提供相应扶持政策。

(三)指导与协调

1. 管理协调机制

由道路运输管理部门牵头,建立进驻基地的其他政府部门,包括工商、税务、公安、海关、国检等政府部门以及金融、保险等中介服务机构的关系协调机制,如联席会议制度,以便基地及入驻基地的物流经营者提高管理与服务水平。

2. 诚信管理指导

1)建设物流基地诚信管理体系

物流基地诚信管理体系是指:以确保车辆安全、防范失信风险为重点,建设物流基地各类诚信管理制度,主要包括:物流企业诚信认证制度,驾驶员诚信认证制度、诚信合同管理制度、从业人员诚信教育及考核制度、关键岗位人员诚信信息等相关记录档案管理制度以及诚信危机处理和预警制度。

2）建设公开、公正、科学的诚信信息征集和披露体系

它具体是指：通过园区“一卡通”建立诚信信息征集披露制度，规范进驻企业诚信信息征集和披露方式及内容，依法采集及披露企业诚信信息。实现基地内企业诚信信息共享，并逐步建立全省统一的物流企业诚信信息平台以及面向社会的驾驶员诚信信息查询系统和诚信信息公示披露系统，加快建设区域性、行业性物流诚信信息平台。

3）开展企业诚信体系建设试点工作

具体是指：选择有一定工作基础的基地分批开展企业诚信体系建设试点工作，并在试点基础上，完善基地内部诚信制度、诚信体系规范和标准，健全诚信评价制度，在全行业推广应用，逐步建立基地企业诚信体系运行长效机制。

3. 安全管理指导

帮助基地建立并完善安全管理制度，指导站场建立安全管理队伍、配置安全管理设施。督促物流基地经营者依法加强安全管理，健全和落实安全生产责任制。

（1）落实出基地车辆的安全检查工作，防止超载车辆或者未经安全检查的车辆出站，保证安全生产。

（2）加大对进基地经营的道路运输经营客户及车辆经营手续的检查，禁止无证运输经营客户及车辆进站经营。

（3）遵守不超限、超载配货规定，不放超载车辆出站，不违反国家有关规定为运输车辆装卸国家禁运、限运的货物。

4. 服务水平提升指导

指导物流基地经营者规范基地各项服务操作规程，不断改进和提高服务水平。具体内容包括：

（1）规范货物存放。各类货物应按其性质、保管要求进行分类存放，保证货物完好无损。危险货物应当单独存放。

（2）规范货物包装。货物包装应当按照国家规定的货物包装标准作业，包装物和包装技术、质量应当符合运输要求。

（3）规范货物搬运装卸。货物搬运装卸作业应当轻装、轻卸、堆放整齐，防止混杂、撒漏、破损，严禁有毒、易污染物品与食品混装。

（4）改善站场经营环境。保持站场清洁卫生，各项服务标志应当醒目。

5. 信息化指导

指导园区内部管理信息化、客户管理信息化、信息服务信息化等。以国家交通物流电子枢纽为总平台，通过包括小件快运、普通运输、集装箱、物流基地、仓储管理和货代管理等标准通用软件的引入，实施物流基地“园区通”工程等。同时根据新的《浙江省道路运输条例》相关规定，基地经营者应当按照规定接入统一的物流信息服务平台，为进场的货运经营者提供信息支持和便捷、安全的配套服务。

6. 应急管理指导

指导物流基地经营者制定突发公共事件的应急预案。应急预案应当包括报告程序、应急指挥、应急车辆和设备的储备以及处置措施等。

（四）违法与处罚

1. 物流基地经营者

本书部分所指物流基地特指《浙江省道路运输条例》规定的道路货运站。

(1)违反相关规定,物流基地经营者已不具备开业要求的有关安全条件、存在重大运输安全隐患的,由县级以上道路运输管理机构限期责令改正;在规定时间内不能按要求改正且情节严重的,由原许可机关吊销《道路运输经营许可证》或者吊销其相应的经营范围。

(2)违反相关规定,超越许可的事项从事物流基地经营的,由县级以上道路运输管理机构责令停止经营;有违法所得的,没收违法所得,处违法所得2倍以上10倍以下的罚款;没有违法所得或者违法所得不足1万元的,处2万元以上5万元以下的罚款;构成犯罪的,依法追究刑事责任。

(3)物流基地经营者违反相关规定,对超限、超载车辆配载放行出站的,由县级以上道路运输管理机构责令改正,处1万元以上3万元以下的罚款。

(4)物流基地经营者违反相关规定,擅自改变道路运输站(场)的用途和服务功能的,由县级以上道路运输管理机构责令改正;拒不改正的,处3000元的罚款;有违法所得的,没收违法所得。

(5)物流基地经营者未按规定接入统一管理或者服务信息平台的,由县级以上道路运输管理机构责任改正,处1千元以上1万元以下罚款;情节严重的,由原许可机关吊销经营许可证。

2. 入驻物流企业

对进驻物流企业的违法处罚参见《中华人民共和国道路运输条例》、《公路安全保护条例》、《浙江省道路运输条例》等相关规定执行。

3. 监管者

违反《中华人民共和国道路运输条例》和《道路货物运输及站场管理规定》的规定,道路运输管理机构的工作人员有下列情形之一的,依法给予行政处分;构成犯罪的,依法追究刑事责任。

(1)不依照《中华人民共和国道路运输条例》和《道路货物运输及站场管理规定》规定的条件、程序和期限实施行政许可的。

(2)参与或者变相参与道路货物运输经营和货运站经营的。

(3)发现违法行为不及时查处的。

(4)违法扣留运输车辆、车辆营运证的。

(5)索取、收受他人财物,或者谋取其他利益的。

(6)其他违法行为。

五、引导与扶持管理

文件依据:

(1)《关于开展浙江省交通重点扶持物流基地和物流龙头企业评定的通知》(浙交[2008]249号);

(2)《关于做好交通大物流扶持项目年度审查工作的通知》(浙交办[2010]53号)。

(一)重点扶持物流基地的评定

1. 认定条件和要求

省重点扶持交通物流基地应达到以下条件:

(1)符合全省物流基地布局规划和当地政府的规划,当地政府有建设重点物流基地的积极性,并列入当地重点建设项目。依托产业带、大港口和大市场,具有较大规模。

(2)具有(或规划)口岸通关等国际物流的功能,能方便国内外货物快速集结和中转,并可实现不同运输方式间的有效衔接。

(3)属公共服务型,符合第三方物流企业基本业务需要,第三方物流企业入驻为主。具有运输、仓储、配送和物流作业等功能。

(4)区域内已经具有较好的物流发展基础,能够形成物流集聚区。有较大服务辐射半径,利于加快我省块状特色经济整合提升,推进块状经济向现代产业集群转变,增强综合竞争力和国际竞争力。

省重点扶持交通物流基地还应承诺满足以下要求:

(1)物流基地信息平台采用站场通用软件或达到开发规范,并与“浙江省交通物流公共信息平台”联网。

(2)园区内有统一的管理和运营主体,能提供工商、税务、海关、商检、交通等政府服务。

(3)能够承担全省物流基地的教育、培训、实训义务,及时提供相关资料和报表。

2. 认定程序

(1)初选省重点扶持物流基地名单。在省市互相沟通基础上,由市交通主管部门向省交通厅提出推荐意向,确定初选名单。

(2)报送申报材料。被列为初选名单的基地,申报材料经市交通主管部门审核并报市政府签署意见后,报省交通运输厅。

(3)确定省重点扶持物流基地名单。省交通厅组织专家组对物流基地进行咨询、评估,根据咨询意见综合确定。

3. 申报材料

申报省重点扶持物流基地需提供以下材料:

(1)市交通主管部门申请省重点扶持物流基地的申报文件;

(2)物流基地专项规划及市政府对基地规划批复或认可意见(需明确基地名称、范围、建设项目、实施项目计划、资金筹建、用地情况、扶持政策、管理体制、经营模式等);

(3)物流基地建设项目情况;在建(待建)项目“预可”或“工可”等有关资料;在建项目建设进度;

(4)物流基地组织管理机构、相关经营主体的有关情况;

(5)基地提供实训项目、信息系统联网等方案和承诺;

(6)根据评定条件和要求所应提供的其他有关材料。

(二)重点扶持物流基地的审查与评估

1. 审查与评估内容

(1)物流基地的形象进度和投资进度。年度完成计划投资证明(项目建设合同、采购发票、付款凭证等);扶持项目建设情况(项目设计、建设等相关图纸和证明),扶持资金主要用于信息化项目的需提供省运管局出具的信息化联网证明;扶持项目带来的绩效及其他有关材料。

(2)乡镇货运站和城乡配送网络站项目建设情况(发改部门或交通主管部门对货运功能的批复,项目建设情况);项目达标情况(提供相关图纸、照片和付款凭证);项目运行带来的绩效情况。

2. 审查与评估程序

第一步:项目主体单位完成年度项目投资计划后,写出上年度自查情况报告和本年度物流发展项目情况报告,经市运管处(局)、港航(务)局(处)审核后报市交通局(委),再报厅物流办申请审查。列入本年度省补交通大物流扶持项目也按此程序申报。

第二步:接到申请后,审查组通过组织扶持项目答辩会,赴现场踏勘建设项目等形式进行审查,形成审查报告,同时建立审查档案。审查工作可以由厅物流办直接组织,也可委托有关部门(协会)进行,或由专业咨询机构承担。

第三步:厅物流办对专家审查组的审查报告进行审核,审核结果报送省厅,并将反馈意见抄送有关项目主体单位。

3. 审查与评估要求

交通大物流扶持项目建设是落实“大物流”建设的重要措施,开展审查有利于督促项目建设进度,也有助于监督补助资金的合理使用。各地交通主管部门和运管、港航部门要高度重视,积极组织和配合开展此项工作。交通主管部门应主要做到以下几点:

(1)协助并督促审查单位要及时做好记录,针对基础设施建设项目要做好相关影像资料备份工作,对审查后的材料要形成档案收录保存。

(2)审查中发现扶持项目不符合规定的,督促项目主体按照专家审查意见及时完成整改。

(三)物流基地“园区通”工程

浙江省交通物流基地“园区通”工程(以下简称“园区通工程”)由行业管理部门指导推进,综合交通物流协会基地分会牵头,全省 12 家重点扶持物流基地发起,物流基地、港区等单位参与的构筑物流基地信息网络的互联共享工程。

1. 工程内容

(1)在物流基地安装行业免费的物流基地管理系统软件(或对已有系统进行接口改造),实现物流基地和物流基地间、物流基地和物流企业间、物流基地与国家交通运输物流公共信息共享平台的经营信用、车货交易等信息共享;

(2)在物流基地增加或改造具有远距离读取车辆无线射频卡功能的进出道口,对进出物流基地车辆安装统一标准的射频卡,实现车辆进出道口不停车管理。

通过物流基地信息管理系统和车辆射频卡,实现全省物流基地间的信用共享和车辆互通。利用“统一标准、统一设计、分头建设、协同管理”方式开展“园区通”工程建设,可以实现“一方发卡、各地通行,一地失信、各地全知”的目标,从而带来巨大的经济效益和社会效益。

通过在物流基地进出道口安装无线射频卡读写设备,在车辆上安装无线射频卡,物流基地信息系统与省物流公共信息平台互联互通,实现车辆进出记录、信用评价等信息的共享。

2. 工作步骤

物流基地“园区通”试点工作分三个步骤进行:

1)试点准备期

试点物流基地制定信息化及“一卡通”工程建设的规划,提出具体实施方案(含“一卡通”方案),并通过省物流电子枢纽的评审。

(1)进出道口无线射频配套安装施工。

(2)车辆无线射频卡相关硬件设备采购。

(3)物流基地信息技术人员岗前培训。

2)试点运行期

根据物流基地“园区通”工程技术方案(试行)的要求,设立专门安装维护点,为基地内车辆安装无线射频卡。

依托物流基地通用软件安装或现有物流基地信息系统改造,建设“园区通”信息平台,及时上传车辆进出数据记录,并逐步对企业、车辆和人员等形成信用评价信息,实现共享。

3)试点总结期

试点物流基地对“园区通”工程进行阶段性总结,提交试点报告。

各市运管处(局)完成本区域试点评估,并于次年提交评估报告。

3. 工作要求

(1)各市运管部门要积极配合开展省级试点项目实施推进工作,认真组织市级试点物流基地项目筛选,并将试点名单报省局。物流基地自行制定详细的实施计划,市处负责试点物流基地实施计划和方案的初审,方案最终评审由省物流电子枢纽组织实施。

(2)各市运管处(局)要指定信息化技术人员,加强对试点物流基地技术指导,要根据试点情况做好跟踪督促和检查,每月5日前以邮件形式报省运管局。

(四)重点物流园区(基地)动态监测与分析

根据交通运输部《关于建立交通运输行业重点物流园区(企业)联系制度的通知》(厅规划便[2012]136号)精神,及时了解和掌握交通运输行业物流园区建设和生产经营情况,大力推进传统货运场站转型升级,促进现代物流发展,为交通运输行业物流园区持续、快速、健康发展创造良好的环境,建立本制度。

1. 工作目的

(1)通过建立规范化的联系制度,及时了解和掌握重点物流园区经营管理和发展情况,为行业主管部门制定和完善相关政策提供相对稳定的动态跟踪系统和决策依据。

(2)始终坚持为企业服务的宗旨,通过落实交通运输部《关于建立交通运输行业重点物流园区(企业)联系制度的通知》精神,为企业提供社会经济、行业发展以及政策导向等方面的信息;总结物流园区经营管理经验,引导企业走集约化经营、规范化管理之路,提升物流园区的发展质量和效益。

(3)积极发挥行业协会的"桥梁纽带"作用,通过为物流园区服务,拓宽行业主管部门与物流园区之间的信息渠道,增强协会自身的发展能力。

2. 基地责任和义务

自愿申请加入重点联系物流园区(企业)的,需填报《交通运输行业重点联系物流园区(企业)申请表》,并做到:

(1)诚实守信、积极创新、依法经营、开拓进取、奉献社会。

(2)定期报送以下信息资料:

①物流园区生产经营状况年度报告;

②交通运输行业重点联系物流园区(企业)数据信息表;

③其他临时需要的上报资料等。

(3)积极参加行业协会组织的活动,配合做好物流园区的调查研究、规范管理工作。

3. 工作内容

(1)协助省局推荐重点联系物流园区(企业)名单,报部备案后公布。

(2)协助省局和部规划院收集物流园区经营情况数据收集表。

(3)协助下发《交通物流园区发展信息》。介绍国家宏观经济发展态势;交通运输行业政策法规、重要信息;物流园区好的做法和经验;重点联系物流园区(企业)经济技术指标排序等方面的信息;反映物流园区在经营、改革和发展中遇到的问题。拟设重点联系物流园区(企业)专刊,免费发放至各重点联系企业。

(4)协助建立工作会议和工作联系制度。每年召开一次"全省交通运输行业物流园区工作年会",沟通信息、交流经验和部署相关工作。另外,为使物流园区联系制度的工作落到实处,建立工作联系制度,各物流园区应明确分管该项工作的负责人、主管部门和联系人。

(5)加强对重点联系物流园区(企业)的调查研究、跟踪指导,及时发现存在的风险和问题,反映企业发展中的诉求,协调解决经营中遇到的共性问题。

六、物流基地行业管理的国际经验和启示

物流基地的管理运营方式,国外大部分国家采用的是PPP(Public-Private-Partnership)方式,也就是政

府和地方私营企业共同参与管理运营。政府在管理运营中起到总体负责和掌握大方向的作用,具体的经营由各个不同的团体进行独立的运作,自负盈亏,照章纳税等。其中典型的有三类,分别是日本的官民协力模式,主要特点是国家计划、统一布局、控制数量;德国的货运村模式,主要特点是州市合作、会员式服务;以及美国的完全市场化模式,特点是市场化驱动、模块化开发。下面对这三种典型模式作详细的介绍。

1. 日式"官民协力"

日本政府在物流团地(物流基地)运营方面,主要采用"官民协力"的方式,宏观上统筹调控,微观上自由放开。物流团地用地由政府收购,以低价转让给物流协会或类似的中间团体,组成管理委员会进行经营管理、改造更新。其中,涉及国民生活的食品类团地,则由农林省委派专人或地方政府长官担任管理机构董事长。政府对已确定的物流团地积极加快交通设施的配套建设,在促进物流企业发展的同时,促使物流团地的地价和房产升值,使投资者得到回报。有时政府可能完全放开,放给企业去经营。如日本东京的四大团地共占地近 3000 亩,由东京团地仓库株式会社经营,该公司成立于 1966 年,现有资本 2.8 亿元,由 112 家股东组成,主要从事土地的购置和租赁、仓储业、装卸业务、设施设备的租赁以及相关附属业务。同时,在四大团地内分别设有事务所。总的来说,日本现存的运营方式大体上可分为:协同组合方式、半官半民方式、共同出资方式、个别方式等。

2. 美式市场化

在物流基地规划运营上,美国奉行的不是政府行为,而强调市场导向,是以单一经济利益为追求目标。美国对物流基地的运营模式是完全放开,甚至在规划阶段就"放手不管",这和美国有完善的物流法律法规是分不开的,政府在宏观上给予指导和协调。

3. 以德国货运村为代表的欧洲模式

德国认为,物流基地的运营工作应由中立的机构来组织,并能全面完善地为入驻企业提供服务。欧洲物流园区联合会将中立的运营机构称为业主,即是独立经营、自负盈亏的实体。这个实体既可以是公共机构,也可以是私人性质的企业。而在一些国家则将中立的运营机构称为物流园区管理公司。欧洲物流园区联合会编写的《FV-2000》指出,物流基地的运营不是由区内建筑和资产(仓库、商业区、办公室、停车场等)的所有者负责,也不是由其租赁者负责,而是必须由中立的第三方责任机构负责。这也体现了欧洲一些国家物流基地运营方式的动向。

(一)日本经验

1. 日本政府对物流与物流基地的定位

日本政府对物流基地的认识:物流是支撑国民生活及产业活动的一项重要功能,物流基地作为物流体系的基础设施,是一项社会属性较强的公共设施。

日本早在 1964 年就开始对物流产业发展进行调控,到 1969 年形成日本全国范围物流体系的宏观规划。1996 年又颁布了《综合物流施策大纲》加以规划、促进、完善。依据实施的状况和形成的成果,以及日本国内外各种情况和形势的变化,《综合物流施策大纲》五年制定一次,每年加以研讨修整。

在 1969 年形成的日本全国范围物流体系宏观规划中,结合 1966 年制定的《流通业务市街的整顿法》,将日本 1 道 1 都 2 府 43 县,按经济特性分为八大物流区域,进行区域间物流和区域内物流的分类。在各区域建设和整顿物流设施,形成物流团地(物流基地)和全区域的物流网络,随后使区域间通过干线运输(高速铁路、高速公路和近海运输)形成跨地区的物流系统,最后形成全国范围的物流体系,直至今日仍在完善中。

在这个物流体系中对物流团地的定位是:物流团地是有效综合物流资源,实行物流现代化作业,减少重复运输，实现设施共享，建立一体化、标准化的中心节点。通过物流团地的高效作业，达到四方面的整顿效果：

(1)通过综合物流团地的整顿，货物的运输量大增，使设施的大型化(车辆等运输、装卸工具)成为可能，有效地提高运送、装载效率。

(2)推进装卸机械化，降低装卸费用就成为可能。

(3)共同运输，减少重复、交错运输(车站和仓库，或者仓库和仓库间进行地都市内二次、三次地输送，或者交错运输)，有效使用运输工具，提高作业效率，降低能耗、减少社会道路占用面积等。

(4)建立一体化的输送体系，设置标准化集装箱和托盘的流转基地，把各地运输公司导入整体运输体系，包括低温冷库、特种仓储设备基地的设立，实现设施共享，达到生鲜食品、特种商品的运输现代化，进而促进物价的稳定。

2. 日本物流系统和物流团地规划布局

由于日本是人多地少的国家，对土地利用率非常重视。针对物流团地的建设和规划，既要考虑到物流团地作为社会公共基础设施的属性，又要充分发挥市场经济运作的优势，在政策扶植方面制定了相应的政策和法规。

1)物流系统分类

将物流系统的布局分为区域内、区域间和国际物流三个部分：

(1)区域内物流

区域内物流是物流系统的端点，与企业的供应物流、销售物流密切关联。主要内容是将企业物流合理化推进到区域物流合理化，形成战略管理，配送成为完善区域内物流的主要手段。相应的配送中心、物流中心成为区域内物流的基础节点。区域内物流网络体系的布局主要依据是：企业、配送中心(或物流中心)、物流团地间干线道路、物流设施、城市的交通密度时段等综合因素以及集成化理论。要求是设施集约化、活动效率化，提高物流信息和综合控制能力。目的是削减企业库存量，加快周转，提高企业销售能力，减少物流总费用。各区域内物流分布是不均等的，预估的物流量以产值和商品销售总值为参考。

(2)区域间物流

区域间物流是物流系统的骨干。物流的进步主要是由地域间物流的改善所推动的。从企业的角度看物流的改善，首先是选择运输公司，然后是生产场地到市场之间物流中心的平衡，输送商品量的调整和形式的平衡。区域间的物流改善，目的是进行生产场地与市场、物流中心的平衡化，输送商品量调整与形式的平衡化。必须具备的条件是信息系统的完善，提倡的输送方式是集装箱化和集装箱托盘化，使运输量成单位货载、大型化，以达到物流效率化。区域间物流网络体系布局的主要依托高速公路、高等级公路、铁路新干线、近海定期航班的连接。

物流团地设施由较多不同的物流中心、配送中心、公共仓储、信息中心和金融服务组成。其设计、运营要实现功能分配合理、运行机制兼容，能够协同运作。目的是提高运输效率，减少物流总费用。

改善区域间物流的突破口是信息化、标准化、规模化。正因为是地域间的物流，构筑物流网络系统的指挥系统需要运用大量通信、计算机网络、车辆跟踪定位等技术，需要建立与公共经济信息网和EDI的交互系统，目标是实现物流信息共享和信息流、商流、物流、资金流集成化。

(3)国际物流

国际物流包括：国际间交易、储存、海洋运输、铁路运输、航空运输、邮政运输、联合运输、加工与通关等流程。由于涉及跨国界或跨政治实体(如ECC)的贸易行为，就需要必要的现代物流能力来应付不同法律、法规、传统和文化以及应对不同的客户群。国际物流作为国际贸易过程中一个重要的环节，其布局的主要依据是：以各类港口、国际物流团地设施相互配合。

2)物流的宏观规划

早在1964年，日本就着手规划物流体系，在八大区域按经济总量规划、建设和整顿物流设施，形成物流团地为据点的区域物流网络，由这些网络构成全国的地面物流体系，配合虚拟的信息网络建设，形成日本的立体物流体系。如在《流通业务市街地的整顿法律(流市法)》中,确定东京、大阪、名古屋、广岛、福冈、仙台等共计 30 个城市为都市物流。按人口(150 万 ~ 300 万人口)、经济总量、运输总量、区域交通条件确定分布物流团地的数量。例如,东京为 5 个,大阪 3 个,名古屋、广岛、福冈、仙台等中等城市各 1 个,全国共计 86 个。而在物流团地的选址方面,规定以都市外围的高速道路网和铁路网的交叉口为中心的 10 千米半径范围内为团地选址地点,确立了物流团地的交通优势,以及与都市内配送的衔接优势。

建设方面由政府规划、出让低价土地或由政府加以补助,物流团体组织投资,物流企业按专业共同使用。

由于对规模经营有总量的控制(涉及覆盖面和人口超过经济规模,效益反而下降),建筑用地相应作了限制,一般物流团地的用地为 20 万 ~ 50 万平方米,不超过 35 万平方米(约 500 亩),要求向高层发展。

3. 日本物流团地的开发和经营

由于日本政府对物流的定位清晰,因此在物流体系构建前,首先着手完成物流管理体制的建设。

1)宏观管理

通过"透过相关省厅的合作"建立"综合物流施策"推动会议制度,由局长级人员组成。下设干事会,由相关单位的课长组成。会议针对相关部门的合作,提出具体课题。例如,首次会议提出的具体课题就是:推动物流标准化以提高物流系统的效率化,推动一贯栈板化,推动市街地的共同集配以促进都市物流的效率化,实施进出口机场、港口的行政手续无纸化及一站式服务。年内每次会议逐次检讨,检查实施进度,并按实施能力适当增加具体课题。

2)中观管理

地方上为贯彻中央综合物流施策推动会议的决定,设置相应的综合物流施策推动会议,其组成单位为:地方政府职能部门、院校研究所、地方公共团体、都道府县警察、商工会议所、企业界团体等。贯彻实施物流推进政策和物流基础设施建设,并加以定期检讨,对于检讨结果,每月汇报一次,年度结束前必须向中央的推动会议作一次回顾报告。同时,在地方上必须将推动进度加以公布,而中央则实行后续追踪,在综合物流施策推动会议制度实行后的几年,为达到目标,除政府相关部门加强合作外,与民间团体加紧合作,进行目标冲刺。

3)微观管理

在运营管理方面,日本政府则采用"官民协力"的方式,宏观上统筹调控,微观上自由放开,物流团地用地由政府收购,以低价转让给物流协会或类似的中间团体,组成管理委员会进行经营管理、改造更新。其中,涉及国民生活的食品类团地,则由农林省委派专人或地方政府长官担任管理机构董事长。

以东京都的筑地物流配送中心为例,由政府委派官员担任市场董事长,指导、监督经营配送中心。供应端由 10 家大批发商负责,中间环节由中间批发商组织实施,运用电子商务等技术,在短时间内实现当天对城市日常用品的配送,既保证了商品供需的有效利用,又保证了居民日常生活用品的价格和供应稳定,还减少了大量流动资金的积压。

时至今日,日本全国已形成了一个巨大的物流体系。高速公路遍布日本四大岛屿的各个地区,新干线纵横本州,南下九州,延伸到北海道,各大岛屿之间全部由跨海大桥和海底隧道相连,无数近海定期航班穿梭往来。信息化网络覆盖日本全国各个角落,为以 86 ~ 88 个物流团地为核心、各种配送中心与物流中心为节点、循环配送线路所组成的物流体系奠定了基础,加上先进的电子商务所配套,使得日本的物流效率迅速提高。

(二)德国经验

1. 物流基地管理机制

德国联邦政府 20 世纪 80 年代规划在全国建设 40 个物流基地,现已建成 20 多个,其中运营比较成功的有不来梅物流园区。德国的物流园区建设主要遵循"联邦政府统筹规划、州政府扶持建设、企业化经营管理、企业自主经营”的发展模式。

(1)联邦政府统筹规划。即联邦政府在统筹考虑交通干线、运输枢纽规划的基础上,通过对经济布局、物流现状的调查,在全国范围内对物流基地的布局、用地规模与未来发展进行合理科学的规划。为引导各州按统一的规划建设物流基地,德国交通主管部门对符合规划的物流基地给予资助或提供贷款担保。

(2)州政府、市政府扶持建设。即政府希望物流基地能充分实现其公共服务职能,而并非以单纯追求盈利为目的,因此在项目的建设和运营过程中州及地方市政府扮演了主要投资人的角色。

(3)企业化经营管理。即负责管理物流基地的企业受投资人的共同委托,负责基地的土地购买、基础设施及配套设施建设以及基地建成后的地产出售、租赁、物业管理和信息服务等,公司的经营方针主要侧重于平衡资金,实现管理和服务职能。

(4)入驻基地企业自主经营。即入驻企业自主经营、照章纳税,依据自身经营需要建设相应的库房、堆场、车间、转运站,配备相关的机械设备和辅助设施。

2. 物流基地的主要特点

1)多种运输方式相衔接

德国的物流基地至少与两种运输线路连接,即公路运输与铁路运输,这是其基本的运输方式。在德国推进联合运输的政策引导下,德国物流基地内或在其附近有联运站、换装站的设施已经十分普遍。物流基地是否与高速公路连接、是否有可以利用的联运站是衡量物流基地是否优良的前提条件之一。除了最普通的公路运输、铁路运输以及公铁联运方式外,有的物流基地还创造了包括内河航运以及航空货运方式在内的多种运输方式并存的运输条件。

2)多样化的物流运作设施

自动化高架仓库、数字化管理的专业化仓库、可进行加工包装提供增值服务的仓库是德国物流基地典型的物流运作设施。这些仓库有的为多家客户服务,有的为专门的客户服务。如不来梅物流园区内专门为大型销售企业 TSCHIBO 服务的配送仓库,负责接受 TSCHIBO 从不同供应商订购的商品入库、分类上架,按照 TSCHIBO 客户订单,选货、包装、出库发送,所有活动在信息系统和自动化设备支持下采用流水作业。

3)多元化的物流功能

德国物流基地在传统的货运中心的基础上,通过市场运作的模式,不仅有运输、仓储类提供传统服务的企业落户,还有大型的货运代理、联运公司、计算机应用系统开发公司进驻,甚至连海关、金融、保险等机构也在区内设立工作点。如果拥有不同类型的入驻企业是德国物流基地的一个特点的话,那么这些入驻企业之间的紧密合作所形成的合作效应更是一个重要特点。在这些企业中,虽然有大型的从事全球化物流服务的公司,但大部分是提供部分物流服务的中小型公司,它们以诚信、伙伴关系、双赢等合作理念为指导,结成了物流服务网络,实现了物流基地多元化的服务功能。

4)集中式和分散式相结合的基地布局

集中型的物流基地有较为明确的地域边界。但是,由于物流基地的设施、落户企业、服务功能的日益拓展,为了使物流服务供应方,以及工商企业、进出口贸易商等物流服务需求方共同利用物流基地的各类资源,所有相关的设施和企业单位并不坐落在一个集中的场地,而是相对集中地分布在一个比较大的区域范围内,这样的物流基地就是分散式的物流基地,它没有明确的地理边界。比如,德国最大的工业贸易区——鲁尔工业区,由于生产企业、贸易商以及运输路线的密集分布,它的物流基地边界是开放式的。但这并不是说,分散式的物流基地内相关的企业之间没有紧密的合作关系,整个物流基地同样面向现有客户以及将来可能出现的新客户。不管是集中式还是分散式的物流基地,其功能和所追求的目标是一致的。

5)实施环保措施,贯彻可持续发展

德国是非常重视环境保护并采取切实行动的国家,作为重要的经济领域,物流基地同样有贯彻环保政策、采取具体环保措施的责任和义务。物流基地的环保工作主要体现在以下三个方面:首先是物流基地绿化和生态平衡面积的规划和建设。其次是基地内部污水及有毒垃圾的处理设备的配置。第三,在物流基地的物流与运输组织中,优先考虑采用环保型的方案,除了十分普及的公路运输外,提倡公路、铁路、内河各种运输方式间的联合运输,鼓励由铁路和内河航运承担中长距离的运输。同时,通过物流基地对物流服务的联合组织、操作,提高运载工具的使用率,减少交通量,从而降低物流对环境影响的压力。

6)政府参与建设、企业经营

德国各级政府鼓励和支持物流基地的建设,目的是促成物流服务公司经营地点集中化,运输组织集约化,提高基础设施利用率,减少城市交通量,降低物流对环境的影响,创造更多的就业岗位,更有效地为工商业服务,带动地区经济的增长。政府的支持主要体现在政策的制定和资金的投入上。德国各级政府对物流基地基础设施的建设有资金投入,但并不直接参与物流基地的经营活动,而是通过参股的方式,加入物流基地的经营责任单位。在物流基地基础设施建设的基础上,每一个物流基地由一家有限责任公司来经营,这些公司的股东构成中,不仅有所在城市和州的政府部门,也有地区经济促进会、工商会等公益性组织,还有私营物流企业。

7)组建跨区域的物流园区联合会

德国货运中心的发展已经比较成熟,在组织机构上也能体现出这一点。1993 年成立了德国物流园区联合会,33 个货运中心中有 22 个是联合会的会员单位。它同时是欧洲货运中心协会会员。该联合会是所有会员单位利益的代表,从事经验和信息交流、协调合作、咨询服务,同时进行公共关系、市场营销等工作,使德国物流园区对外有一个统一的形象和交流的窗口。

正是由于德国物流基地有了这些发展变化的特点,使得它们在新经济的形势下有更大的用武之地。并且,德国货运中心向物流基地发展后所具备的优点,也得到了欧洲其他国家的认同,英国、葡萄牙也在借鉴德国的经验,实施本国物流基地的建设及经营。

(三)美国经验

在物流基地规划运营上,美国与日本、德国最大的区别在于没有优化物流中心网络的国家级规划,完全是市场驱动,公私合作,并且具备高度的自动化和信息化。具体的物流基地在项目规划开发过程中采用进驻企业按照模块进行计划单元开发。美国奉行的不是政府行为,而强调市场导向,是以单一经济利益为追求目标。美国对物流基地的运营模式是完全放开,甚至在规划阶段就松手不管,这和美国有完善的物流法律法规是分不开的,政府在宏观上给予指导和协调。从 20 世纪 80 年代开始,美国政府制定一系列法规,逐步放宽对公路、铁路、航空、航海等运输市场的管制,取消了运输公司在进入市场、经营路线、联合承运、合同运输、运输费率、运输代理等多方面的审批与限制,通过激烈的市场竞争使运输费率下降、服务水平提高;1991 年颁布《多式联运法》,大力提倡多式联运的发展;1996 年出台的《美国运输部 1997 ~ 2002 年财政年度战略规划》,提出建设一个世界上最安全、方便和经济有效的物流运输系统。这些政策法规的推行,为确立美国物流在世界上的领先地位提供了保障。

附录一　相关法规、政策及标准

一、开发建设法规、政策及标准目录

1.《国务院关于投资体制改革的决定》;
2.《国务院办公厅关于加强和规范新开工项目管理的通知》;
3.《政府核准的投资项目目录》(2004 年);
4.《外商投资项目核准暂行管理办法》;
5.《外商投资产业指导目录》(2011 年修订);
6.《外商投资道路运输业管理规定》(2001 年)及其《补充规定》(2003 年);
7.《指导外商投资方向规定》(国务院令第 346 号);
8.《浙江省政府投资项目管理办法》(2005 年);
9.《浙江省企业投资项目核准目录》(2005 年);
10.《国家发展改革委关于实行企业投资项目备案制指导意见的通知》(发改投资〔2004〕2656 号);
11.《浙江省人民政府办公厅转发省发改委关于浙江省企业投资项目核准和备案暂行办法的通知》(浙政办发〔2005〕73 号);
12.《项目申请报告通用文本》;
13.《中华人民共和国城乡规划法》;
14.《浙江省城乡规划条例》;
15.《中华人民共和国节约能源法》;
16.《国务院关于印发"十二五"节能减排综合性工作方案的通知》;
17.《浙江省固定资产投资项目节能评估和审查暂行办法》(浙发改投资[07]419 号);
18.《中华人民共和国环境影响保护法》;
19.《建设项目环境保护管理条例》;
20.《建设项目环境影响评价分类管理目录》;
21.《建设项目环境影响评价文件审批程序规定》(2006 年 1 月 1 日起施行);
22.《建设项目环境影响评价文件分级审批规定》(2009 年 3 月 1 日起施行);
23.《环境保护部直接审批环境影响评价文件的建设项目目录》;
24.《环境保护部委托省级环境保护部门审批环境影响评价文件的建设项目目录》(环保部公告 2009 年第 7 号);
25.《国务院关于深化改革严格土地管理的决定》;
26.《中华人民共和国土地管理法实施条例》(2011 年修正);
27.《建设项目用地预审管理办法》(国土资源部令 第 42 号);
28.《工业项目建设用地控制指标》(国土资[2008]24 号);
29.《划拨用地目录》(国土资源部令第 9 号);
30.《土地现状分类》(GB/T 21010—2007);
31.《投资项目可行性研究指南》(原国家计划委员会计委投资[2002]15 号);
32.《建设项目经济评价方法与参数(第三版)》(国家发展和改革委员会、建设部);

33.《浙江省发展改革委关于印发〈企业投资核准项目初步设计审查的若干规定〉的通知》;
34.《中华人民共和国公路法》;
35.《公路工程竣(交)工验收办法》(交通部2004年第3号令);
36.《交通行政许可实施程序规定》(交通部2004年第10号令);
37.《关于贯彻执行公路工程竣交工验收办法有关事宜的通知》(交公路发[2004]446号);
38.《关于转发交通部〈公路工程竣(交)工验收办法〉的通知》(浙交[2004]381号);
39.《中华人民共和国建筑法》;
40.《浙江省建筑业管理条例》;
41.《建设工程施工现场管理规定》;
42.《建筑工程施工许可管理办法》;
43.《公路建设市场管理办法》(交通部2004年第14号令);
44.《关于实施公路建设项目施工许可工作的通知》(交公路发[2005]258号);
45.《公路建设监督管理办法》(交通部2006年第6号令);
46.《中华人民共和国防震减灾法》(修订);
47.《建设工程抗震设防要求管理规定》(中国地震局令第7号);
48.《中华人民共和国消防法》;
49.《建筑设计防火规范》(GB 50016—2010);
50.《汽车库、修车库、停车场设计防火规范》(GB 50067);
51. 消防技术标准;
52. 现行有关的建设法规、规范。

二、物流发展政策、法规目录

(一)国家政策

1. 国务院关于印发《物流业调整和振兴规划》的通知;
2. 关于印发《关于促进制造业与物流业联动发展的意见》的通知;
3. 关于印发《甩挂运输试点工作实施方案》的通知;
4.《中华人民共和国道路运输条例》;
5.《道路货物运输及站场管理规定》及关于修改《道路货物运输及站场管理规定》的决定;
6.《道路运输管理工作规范》;
7.《关于加强道路货运车辆超限超载源头治理工作的通知》;
8.《中华人民共和国海关保税港区管理暂行办法》;
9.《中华人民共和国海关对保税物流园区的管理办法》;
10.《中华人民共和国海关对保税物流中心(A型)的暂行管理办法》;
11.《中华人民共和国海关对保税物流中心(B型)的暂行管理办法》;
12.《中华人民共和国海关对保税仓库及所存货物的管理规定》;
13.《海关总署、商务部关于全面推广实施国际服务外包业务进口货物保税监管模式的通知》;
14.《中华人民共和国海关监管场所管理办法》海关总署第171号令;
15.《中华人民共和国海关对保税仓库及所存货物管理操作规程》;
16.《中华人民共和国海关事务担保条例》。

(二)浙江省物流相关政策、法规目录

1. 浙江省人民政府关于《进一步加快发展现代物流业的若干意见》;

2.《浙江省"十二五"物流业发展规划》；
3.《浙江省物流业发展三年行动计划(2010—2012)》；
4.《浙江省道路运输条例》；
5.《关于印发2012年全省交通大物流建设工作指导意见的通知》(后附)；
6.《关于推进全省交通物流基地建设的意见》(后附)；
7.《关于开展浙江省交通重点扶持物流基地和物流龙头企业评定的通知》(后附)；
8.《关于开展省级交通大物流资金扶持重点物流基地评估工作的通知》(后附)；
9.《关于做好2012年交通重点扶持物流基地评估工作的通知》(后附)；
10.《关于开展物流基地"园区通"试点工作的通知》(后附)；
11.《关于开展交通大物流建设专家咨询活动的通知》(后附)；
12.《关于扩大大物流建设专家咨询服务范围的通知》(后附)；
13.《关于组织申报2012年度交通大物流扶持项目的通知》(后附)；
14.《关于开展交通物流基地情况调查的通知》(后附)。

关于印发2012年全省交通大物流建设工作指导意见的通知

(浙交办〔2012〕64号)

2012年全省交通大物流建设工作指导意见

2012年是落实交通行业"十二五"发展目标任务的关键之年，为认真贯彻落实全省交通运输工作会议的精神和部署，抓好交通大物流建设的各项工作，促进交通行业转型发展，制订本指导意见。

一、总体要求

按照交通运输部、省委省政府的指示精神和工作要求，紧紧围绕我省海洋经济发展示范区、舟山群岛新区和义乌国际贸易综合改革试点"三大国家战略"，加快推进"三位一体"港航物流服务体系建设；紧紧抓住物流信息化大发展的关键机遇，按照升级、扩面和可持续运营、"做大、做强、做久"的要求，全力推动国家交通运输物流公共信息共享平台和东北亚物流信息服务网络建设，实现国际国内物流信息共享，推动供应链信息化一体化，构建具备先进研发服务能力的物流信息中心；紧密结合经济社会转型发展对交通运输行业转型升级、产业结构优化的实际需求，加快发展以沿海港口和产业集聚区为核心、以信息化为支撑、以综合集疏运体系为依托、以低碳环保为导向、本地化与国际化相结合的交通物流体系。继续加大力度推动交通重点物流园区和站场服务体系建设，培育和引导物流龙头企业的发展，促进城乡物流网络建设，全面深化交通大物流建设，促进行业转型再上新台阶，为浙江经济社会发展提供基础保障。

二、主要目标

(一)加快推进港航物流服务体系建设。按照"一个中心、二个平台、多个交易区、一批储配送基地"的总体框架，全面落实推进。积极配合省级有关部门争取国家批复大宗商品交易中心。指导宁波、舟山完善两个平台。打造集仓储、集散、交易、物流服务、金融和信息等功能为一体的石油化工、铁矿石、煤炭、粮食、钢材、木材、塑料和有色金属等大宗商品的高层次交易物流服务。加快各港口储配送基地建设。

(二)加快交通物流公共信息共享平台建设。建成平台二期成果L2000：推出平台交换软件2.0版，实现日数据交换量30万以上；推出15套以上的物流管理软件；完成与10个重要外部系统实现联网；建成信用中心一期，启动跟踪中心一期建设。

(三)推动东北亚物流信息服务网络建设。启动与欧盟合作对接工作，建立联络协调机制。实现中日韩港口集装箱动态信息共享接口互联试点。在国内港口全面推广船舶动态信息的共享。

(四)推动交通物流基地建设。扶持15个重点物流基地建设，推进23个建设项目，投资完成18亿元。园区通工程联网站场达到15个。印发物流基地建设运营和管理指南，推进规范化管理。

(五)引导物流龙头企业发展。推动7个部级甩挂运输试点项目，并进行经验总结。组织实施15个省级甩挂运输试点项目。

(六)促进农村物流业发展。推动农村物流配送试点示范，扶持建设农村货运站场30个。

三、重点工作

围绕以上主要目标,2012年全省交通大物流建设要着力做好以下工作:

(一)围绕实施国家"三大战略",加快推动港航物流体系建设,支持义乌国际陆港建设,支持舟山新区物流业发展

1.继续推动港航物流体系建设

(1)完善工作机制,加强政策研究。积极做好领导小组第一次会议的各项准备工作,修改完善相关文件,争取尽早出台港航物流服务体系建设行动方案和领导小组工作制度。同时,进一步深化研究港航物流服务体系建设的相关政策,积极向上争取支持。

(2)发挥牵头职能,督促责任落实。争取将港航物流服务体系建设工作纳入对地方政府、省级有关部门的综合目标考核,明确任务,落实责任,同时加强信息沟通和通报,促进上下联动、部门协调和政企合作。

(3)发挥规划引领作用。进一步修改完善"三位一体"港航物流服务体系相关规划,全面落实《浙江省"三位一体"港航物流服务体系行动计划》;顺应"两区"战略和物流发展形势,编制并争取出台全省港航物流发展规划。修订《浙江省船舶发展规划》,编制航运服务业和船舶交易市场布局等相关规划,指导航运服务业发展。

(4)深化港航联盟建设。积极发展联盟新会员,拓展联盟合作范围,建立互利共赢的经营合作网络。

2.支持配合义乌国际陆港建设

(1)争取义乌申请为国际陆港城市,提高国际贸易便利化程度。

(2)深入挖掘"义乌道路货物运输价格指数"的应用,正式发布义乌运价指数,并深入相关课题研究,加强对运输市场的价格监测和指导。

(3)支持义乌物流园区部省共建项目建设,帮助义乌积极向交通运输部争取政策和资金补助。内陆口岸投入运营,加快国内物流园区建设,积极发展保税物流和增值服务。

(4)在义乌开展甩挂运输、多式联运等试点,发展先进的运输方式。支持将义乌作为宁波—华东海铁联运示范项目建设的重点对接城市。

(5)争取启动国家平台义乌分中心方案研究工作。

3.推动舟山新区物流业发展

(1)落实省交通运输厅与舟山市人民政府会谈纪要精神,支持舟山市加快推进六大基地和八大交易园区物流项目建设;修订完善舟山新区现代物流业发展规划,统筹推进港口物流、水产品冷链物流、船舶修造业配套物流、城乡配送物流为重点的四大物流体系建设。

(2)完善舟山大宗商品交易平台建设,推进大宗商品交易中心与国家交通运输物流公共信息共享平台的互联;促进以浙江(舟山)船舶交易市场为基础的全省船舶交易市场布局,推动基于平台的船舶交易系统建设以及与国家平台互联。

(3)按照国家战略物资储运安全要求和相关规划,加快各港口储配送基地建设。及时掌握各地港航物流服务体系建设进展,选择发展前景好、运行良好的基地和项目进行试点,有重点地进行扶持,总结经验并进行推广。

(二)围绕"做大、做强、做久",继续推进交通运输物流公共信息共享平台建设,推动平台对外交流与合作发展

1.全力推动国内国际项目建设

推出平台二期建设成果L2000。主要任务一是加快推进平台交换体系建设,推出平台交换软件2.0版本,发布平台标准4.0版本,新增5个交换服务器部署,使平台的日均交换量达到30万条。二是加快平台软件建设,新增三号普运通用软件和9套推荐软件,使平台推出的软件数达到15套以上,平台链接用户数超过12万。三是推动平台应用中心建设,升级原应用中心,完成平台信用中心一期建设,启动跟踪中心一期。

推动东北亚物流信息服务网络建设。按照交通运输部《关于加快推进东北亚物流信息服务网络建设

的通知》要求：

(1)完善体制机制，完成NEAL-NET发展策略研究及运维保障项目招标，确保人员到位、资金到位，为项目建设提供有力保障；加强秘书处工作，改版东北亚物流信息服务网络门户网站，建成对外联系宣传服务窗口。

(2)开展与欧盟的对接，启动与欧盟方面的联系，筹建亚欧物流信息共享工作组；参与和支持与欧盟、APEC等方面的联络、合作、会议及交流等相关活动。

(3)加强共享信息安全防范，启动用户注册认证项目建设。

(4)开发集装箱动态信息共享接口，组织召开相关技术会议，年内试点实施集装箱状态跟踪查询共享。

2. 推动平台推广应用和外部互联

推进平台与不同类别行业外部系统的对接，2012年力争新增与10个重要外部系统的联网，使联网总数超过28家；推进舟山港口EDI、船舶交易系统和萧山机场收货系统与平台互联试点项目。推动物流管理软件在行业内应用，完成100家以上企业应用，企业持续使用率超过70%。

组织实施交通运输部《Neal-Net港口物流信息共享试点工作推进方案》，推动Neal-Net的国内互联。加强与国内21家相关试点参与单位的联系沟通，推动互联应用推广范围。组建试点推进技术支持组，编制应用接口规范、服务应用指南等相关培训材料，积极组织开展对试点单位的培训和宣贯。

3. 加快优化平台发展支撑体系，完善平台管理体制，打造以公共服务为主体的行业领先的国家共享平台

完善平台中长期发展规划，根据部工可批复要求，继续修订全国范围架构的平台建设技术路径、功能定位，完成平台初步设计工作。

完善交通物流公共信息共享平台领导和建设机制；成立平台运行中心，整合浙江省交通运输物流信息服务中心、浙江省交通科研所和浙江电子口岸的行政、事业、企业三种体制，建立由若干专家、顾问组成的咨询团队和专业人才组成的建设管理团队，扎实推进平台的各项工作。

深化平台发展战略研究，联合浙江大学等科研机构开展“打造现代物流信息中心的战略研究”课题调研，提出物流信息共享平台深化发展的战略，引导平台下一阶段的建设工作。积极推动浙江省交通物流科学研究院筹建工作。

(三)围绕提升整合集聚和示范效应，加快推进交通物流园区建设、龙头企业培育和城乡物流配送体系建设

1. 继续推进重点物流基地建设

制定《物流基地建设运营和管理指南》，提出物流基地规划布局、功能定位、建设程序、运营体制等方面的指导意见；继续推动部省共建五大物流园区建设，继续扶持省、市重点物流基地，扶持15个重点物流基地建设，推进23个建设项目，投资完成18亿元，引导物流园区优化提升物流服务功能；支持“公路港”模式物流项目建设；加快公共货运站场建设，促进全省公共型货运物流站场网络体系建设，为促进产业集聚发展创造有利条件；继续推动市、县重点物流园区、物流中心、配送中心发展，开展扶持项目审查评估工作，落实项目扶持资金；继续推进“园区通”工程建设，扩大试用范围，重点完善设备安装、软件调试、射频卡发放以及后台基础数据交换、记录、查询等工作；研究和启动东北亚物流信息服务网络国际互联由港口节点向重点物流园区(无水港)对接工作，促进平台服务向国内综合运输体系的延伸。

2. 继续抓好龙头企业培育

优化运输市场结构，从市场进入、运力更新、技术改造等方面加大扶持力度；优化运输组织结构，大力发展各种专用运输，组织实施甩挂运输试点项目和铁水联运示范项目，评审和公布一批省级甩挂运输试点项目，推动4个部级甩挂运输试点项目，组织实施15个省级甩挂运输试点项目，并开展总结评估；优化运力结构，推进车型、船型标准化更新改造，鼓励发展安全、高效、低碳的车船运力，促进车船运力向大型化、专业化方向发展；鼓励和引导物流企业或货运经营户，通过股份制改造、专线经营权入股等方式，进行联合重组，推动企业资源整合，增强企业自主创新和市场竞争力。全省重点推动5个企业资源整合项目

的实施,各市选择若干企业开展试点;鼓励航运企业兼并重组,实现规模化、集约化经营,延伸服务产业链,加快向综合物流服务商转变。促进我省交通运输产业转型升级。

3. 推进城乡物流配送体系建设

继续扶持农村货运站场建设,促进农村地区尤其是偏远山区农村物流业的发展,重点推动 30 个农村客货运一体站、城乡配送网络站建设,并加强与邮政等部门的合作,支持"乡邮站"建设,完善城乡物流配送网络体系;构建农村物流发展节点网络,加强市、县农村物流中心的建设和物流网点的布局,发挥区域性物流基地和中心镇、中心村配送站点的作用,提升农村物流配送效率和服务水平;认真总结推广衢州、丽水等地农村物流发展工作经验,在全省组织开展 5 个左右的农村物流试点项目建设;进一步深化对城市物流配送体系建设研究。协调相关部门为货运配送车辆进城通行、停靠及装卸作业提供便利条件。在调研基础上,对城市配送的站场节点网络建设、车辆技术条件、信息化整合等方面提出指导性意见。

四、相关保障措施

(一)体制机制保障

加快研究和完善国家交通运输物流公共信息共享平台体制机制,成立以平台运营中心为主要运作机构、整合相关企业及科研力量,为平台的研发与推广提供有力保障。加快落实东北亚物流信息服务网络运维保障机制建设,通过招标方式加强日常管理、网站维护、对外宣传及接口研发等,努力实现年度工作计划目标与任务。

(二)政策扶持保障

启动大物流扶持政策研究,优化扶持方案。梳理总结大物流建设的成效,深入研究分析交通物流业转型升级的主要制约因素,并调整政策定位和实施途径,对交通物流业转型发展作出评估。今年争取出台《浙江省交通大物流发展扶持引导资金管理办法》,开展项目收集申报工作。在 2011 年物流信息化改造补助试点基础上,推出省物流企业应用信息化、信息化接口改造和重点物流信息平台补助政策,加快物流信息化进程。

(三)工作推动保障

召开全省交通大物流建设工作会议。梳理大物流建设几年以来的工作成效,推出一批试点示范项目的典型经验,宣传和推动大物流发展战略和相关政策。实施 Neal-Net 港口物流信息共享试点工作推进方案和推进国家平台建设的实施意见。同时,配合交通运输部召开平台共建会议,扩大平台的应用互联面;召开 Neal-Net 推进工作会议。

(四)物流人才保障

加强大物流人员培训和人才培养。抓紧筹建物流规划研究院,吸收和培养专业化、高素质物流人才,集聚建设研发管理团队,开展现代物流发展战略研究,提出物流发展的战略目标;开展各层次物流人员的培训,培育交通物流管理人才。就运价指数、甩挂运输、省道条修订、园区信息化建设等内容组织行业培训,重点加强各地市政策执行层面的培训,促进管理人员提升理念、充实知识、掌握方法,更好地落实和推动大物流建设。

(五)宣传服务保障

通过多种形式、渠道和媒体,结合重点工作的推进及重大活动的举办,推出相关专题报道。重点对大物流建设的工作成效、信息化重要建设项目的进展、全省各地园区建设、龙头企业培育、城乡物流发展的典型经验等方面,加大宣传力度。通过宣传报道,进一步推动各地对推动大物流建设重大意义的认识,扩大物流建设的影响力,吸引更多的运输物流企业参与,为行业转型发展提供动力和支持。

关于推进全省交通物流基地建设的意见

(浙交〔2009〕88 号)

一、统一交通物流基地建设工作思路

(一)充分认识物流基地建设的重要作用

交通物流基地是交通综合运输体系的重要组成部分,对于支撑经济和社会发展发挥着基础性、先导性的作用。物流基地建设是国家物流业调整振兴规划九大重点工程之一，交通部门要将物流基地建设作为交通基础设施建设的一项重要工作来抓，整体谋划、积极推动。通过规划引导、政策引导、管理引导、服务引导，宣传引导，加快推进我省交通物流基地建设。

（二）以点带面、逐步推进，推动以物流基地为重点的物流站场体系建设

我省物流业的发展尚处在初级阶段，物流站场体系基础相对薄弱，必须坚持物流业发展与经济社会发展相协调，与当地城乡发展相衔接的原则。现阶段应坚持“循序渐进、以点带面、规划引导、注重实效”的方针，集中力量，通过新（改）建或整合提升，重点扶持一批示范性物流基地建设，发挥其示范效应和带动作用，推动全省以物流基地为重点的物流站场体系建设。

（三）注重交通物流基地建设和运营管理模式的创新

综合性物流园区在现代物流业中，具有基础性、稀缺性和公共性，要正确处理国家投入和社会经济组织投入的关系，既要充分发挥政府的主导和调控作用，也要充分发挥市场资源配置的基础性作用。引入社会资本的，要设置相应的门槛及制定监管措施，确保其公共服务性质和服务水准。要探索通过招投标引进专业的第四方物流服务企业作为物流基地运营商的管理模式，不断提升物流站场体系的服务、保障水平，走出一条具有当地特点的物流站场建设、营运管理新路子。

（四）坚持资源整合与转型升级并重

各级交通管理部门要站在从传统运输业向现代服务业转型的高度，站在行业升级的高度，通过联合、兼并、重组等方式，推动现有停车场、货运站场、仓储场所通过整合提升，完善物流功能、更新设施设备、优化集疏运体系来整合提升，向现代服务业转型。

二、扎实推进交通物流基地建设工作

（一）加快物流基地规划编制工作

各市要在《浙江省交通物流基地布局规划》的框架下编制本地交通物流基地规划，确定省、市、县交通重点扶持物流基地，构建物流站场体系。省、市两级重点扶持物流基地还需编制物流基地建设实施规划，规划要经当地政府或市交通与发改委等部门联合评审通过。列入省重点扶持的物流基地的评定工作，要求在上半年完成，对达不到要求的候选基地要及时调整，未按计划完成评定的，不安排年度补助资金。

（二）扶持交通重点物流基地集疏运项目建设

各地要积极支持重点扶持物流基地的集疏运通道建设项目。要根据物流基地实施规划，编制集疏运通道建设计划，通过交通主管部门审核后，按规定程序抓紧申报，相应计划应同时抄报省公路局、运管局。

（三）做好物流基地扶持项目管理

物流基地建设项目扶持的重点是基础设施建设和公共物流发展项目，扶持力度主要依据基地年度的投资额度。各地要做好年度物流发展扶持引导项目的申报工作，对申报省级资金扶持的项目，要组织人员进行集中审查，审查重点是上一年度项目完成情况、扶持资金使用情况以及新一年度项目的可行性。审查报告要求于5月30日前报省运管局。各地要理清重点扶持物流基地项目情况，明确年度项目建设目标，确定扶持措施。市、县两级重点扶持物流基地项目和年度建设目标要求于5月前报省运管局备案。各地要按照省厅下达的交通重点扶持物流基地项目计划，加强管理，确保年度扶持项目任务顺利完成。

（四）推进物流基地信息化建设

根据物流信息化建设规划，加快物流基地的信息化建设。要通过行业扶持、协会牵头，加快推进物流基地通用软件的开发、应用和推广，加快与省公共物流信息系统的联网，推进全省物流基地的信息化、标准化工作。要推广先进的管理和运营模式，提升基地整体运营及管理水平。各地要配合做好物流基地通用软件开发和试点工作，同时启动物流基地RFID卡建设前期工作，争取实现港区、园区、公司“一卡通”。

（五）加快农村货运站场建设

各地要切实加强农村货运站场建设，提倡站场资源的整合，实现客货运站场一体化。立足于城乡物

流配送体系建设,各级交通部门要积极与当地政府汇报沟通,努力争取政府对农村客货运站场建设的支持和投入。2009 年,全省将完成 30 个农村货运站建设任务,要在总结经验的基础上,制定农村货运站建设指导意见。

三、完善交通物流基地建设保障机制

(一)建立健全物流基地的运营、管理、协调等机制

各地交通主管部门要积极向当地政府汇报,牵头或积极配合当地政府及其相关部门成立物流园区建设和营运的管理机构,发挥合力作用,对区域内物流基地的规划、建设、营运、管理等进行统筹协调管理,促进物流基地的健康发展。要不断完善和强化物流基地专委会在推进基地的合作交流等方面功能,切实发挥其行业引导、自律作用。

(二)建立物流基地建设和运营情况报告制度

要逐步建立和完善物流基地的建设和运营情况的报告制度,交通物流基地应每季度填报《交通物流基地生产经营情况报告表》,经所在地市运管处(局)汇总后报省运管局;列入重点扶持的新改建重点物流基地还需每月填报《交通重点扶持物流基地建设项目推进情况报告表》,经所在地市运管处(局)汇总后,于次月 10 日前报省运管局。

(三)建立扶持基地的绩效评估和考核机制

要加强对扶持物流基地的绩效评估,建立扶持项目考核机制,将考核结果与交通重点工作目标考核和大物流扶持引导资金补助挂钩。在上报年度扶持项目前,物流基地所在地交通主管部门要组织对上年度扶持项目的绩效和实施情况进行考核,对新申请扶持项目进行可行性评估,绩效和可行性评估的结果作为下一年度确定物流基地扶持项目计划的重要依据。

关于开展浙江省交通重点扶持物流基地和物流龙头企业评定的通知

(浙交〔2008〕249 号)

一、省重点扶持物流基地

(一)认定条件和要求

省重点扶持物流基地应达到以下条件:

(1)符合全省物流基地布局规划和当地政府的规划,当地政府有建设重点物流基地的积极性,并列入当地重点建设项目。依托产业带、大港口和大市场,具有较大规模。到 2011 年前能正式投入运营。

(2)具有(或规划)口岸通关等国际物流的功能,能方便国内外货物快速集结和中转,并可实现不同运输方式间的有效衔接。

(3)属公共服务型,符合第三方物流企业基本业务需要,第三方物流企业入驻为主。具有运输、仓储、配送和物流作业等功能。

(4)区域内已经具有较好的物流发展基础,能够形成物流集聚区。有较大服务辐射半径,利于加快我省块状特色经济整合提升,推进块状经济向现代产业集群转变,增强综合竞争力和国际竞争力。

省重点扶持物流基地还应承诺满足以下要求:

(1)物流基地信息平台采用站场通用软件或达到开发规范,并与“浙江省交通物流公共信息平台”联网。

(2)园区内有统一的管理和运营主体,能提供工商、税务、海关、商检、交通等政府服务。

(3)能够承担全省物流基地的教育、培训、实训义务,及时提供相关资料和报表。

(二)认定程序

(1)初选省重点扶持物流基地名单。在省市互相沟通基础上,由市交通主管部门向省交通厅提出推荐意向,确定初选名单。

(2)报送申报材料。被列为初选名单的基地,申报材料经市交通主管部门审核并报市人民政府签署

意见后，报省交通厅。

(3)确定省重点扶持物流基地名单。省交通厅组织专家组对物流基地进行咨询、评估，根据咨询意见综合确定。

(三)申报材料

申报省重点扶持物流基地需提供以下材料：

(1)市交通主管部门申请省重点扶持物流基地的申报文件；

(2)物流基地专项规划及市政府对基地规划批复或认可意见(需明确基地名称、范围、建设项目、实施项目计划、资金筹建、用地情况、扶持政策、管理体制、经营模式等)；

(3)物流基地建设项目情况；在建(待建)项目"预可"或"工可"等有关资料；在建项目建设进度；

(4)物流基地组织管理机构、相关经营主体的有关情况；

(5)基地提供实训项目、信息系统联网等方案和承诺；

(6)根据评定条件和要求所应提供的其他有关材料。

二、省重点扶持物流龙头企业

(一)认定条件和要求

省重点扶持的物流龙头企业在重点联系企业的基础上选择，按运输类、站场类、综合类三个业务领域分别认定。评定条件如下：

(1)企业注册在浙江省内，企业持续提供物流服务时间在2年以上；注册资金1000万元以上，其中站场类和综合类企业注册资金要求在2500万元以上。

(2)近两年业务量在本省前列，企业发展势头良好，有经营扩张或业务提升计划(物流投入项目计划)；企业经营管理规范，经营水平较突出；企业核心业务具有特色且具竞争力。

(3)运输类企业其货运车辆200辆以上，或特种运输车辆100辆以上；水路运输企业综合运力在50万载重吨以上；站场类物流企业物流基地占地300亩以上，自有仓储(场地)面积30000m^2以上，服务物流企业数在100家企业以上。综合物流企业应具备年物流业务营业收入8000万元以上，站场占地面积不小于80亩，货运车辆不少于80辆或装卸设备不少于30台，有完善的物流管理信息系统，企业各网点间实行广域联网(以上指标统计口径是指公司及所属全资子公司)。

省重点扶持龙头企业应承诺以下要求：

(1)企业信息平台采用运输通用软件或达到开发规范，并与"浙江省交通物流公共信息平台"联网。

(2)需承担物流行业培训、实训义务，提供相关统计数据。

(二)评定程序

(1)申报。符合评定条件和要求的省重点联系企业填报《浙江省交通重点扶持物流龙头企业申报表》，由市运管处(局)、交通局(委)审核后报省运管局。

(2)评估。省交通厅组织专家组进行评估，对于符合条件的物流企业，重点考虑企业的管理水平、核心竞争力、成长性、市场整合力度和企业发展投入等方面情况，专家组提交评估报告。

(3)在总量控制的前提下，省交通厅择优确定并公布。省重点扶持物流龙头企业实行动态管理，一般每两年重新评审一次，两次评审间不定期进行调整。

(三)申报材料

申报龙头企业的单位，需提交以下材料：

(1)企业基本情况(包括主要业务网点、经营业绩、信息化、主要客户等)；

(2)车辆、场地、营收等评定条件和要求所应提供的其他有关材料；

(3)近两年内有经营扩张或业务提升的计划书(附电子版)，包括项目概况、市场前景、总体方案介绍、计划投资总额及投资构成、资金筹措、经济和社会效益分析等。

三、其他要求

(1)2008年度省重点扶持物流龙头企业评定工作在11月下旬前完成，申报材料请于10月30日前报省运管局。

(2)各市、县重点物流基地和龙头企业的评定工作须在年内完成,评定办法可根据各自情况自行制定,评定后的名单报省运管局备案。经省交通厅确定的省重点物流基地和物流龙头企业应同时作为市、县重点物流基地和龙头企业扶持。

关于开展省级交通大物流资金扶持重点物流基地评估工作的通知

(浙运〔2011〕20号)

一、评估内容

物流基地规划执行与落实,物流基地建设思路、功能定位、作业能力,物流基地建设、运营和管理体制,物流基地对周边交通影响,扶持项目审查和年度考核任务等。

二、评估时间

初评时间定于3月中旬至7月上旬,日程安排经与物流基地所在地市运管部门沟通确认后另行通知。后续评估于年内完成。

三、评估对象

省级重点扶持物流基地:宁波梅山保税港区物流园区、宁波空港物流园区、绍兴轻纺城国际物流园区、嘉兴现代综合物流园区、德清临杭物流园区、金华国际物流园区、义乌物流园区、瑞安江南物流园区、台州物流园区、衢州综合物流中心。

市级重点扶持物流基地:杭州下城区石大路物流中心、桐庐现代物流中心、宁波海联物流中心、宁海物流中心、象山远达临港物流园区、余慈物流中心、集亚物流基地、新昌国际物流中心、湖州长运祥瑞物流中心、长兴综合物流园区、嘉兴内河多用途港区、嘉兴独山港物流园区、巨龙物流基地、永康物流中心、浦江县现代物流中心、温州双屿物流中心、浙闽物流中心、天啸物流中心、陆通物流中心、临海江南物流中心、龙泉市交通运输物流中心、缙云物流中心、衢州大华物流中心、龙游物流园区、老塘山豪舟物流中心等。

四、其他有关事项

(1)评估工作在省运管局指导下开展,委托省交通科学研究所实施,要求组织相关专家进行交流与咨询。

(2)评估应通过资料查阅、现场勘查、实地调查访问、会议座谈交流等形式开展,以掌握物流基地建设与运营情况,建立动态信息反馈机制。

(3)被评估单位要预先填写相关调查表,做好项目规划文本、审批手续、支付凭证、财务报表等材料的准备工作,并积极提供支持与配合。

(4)各市运管处(局),义乌运管所要积极参与评估,做好协调工作。评估报告由当地市级运管部门发布,并抄送有关部门。

关于做好2012年交通重点扶持物流基地评估工作的通知

(浙运便函〔2012〕12号)

一、评估范围

(1)2011年已经完成第一轮次评估的基地。

(2)本年度各地新纳入补助范围的基地。

二、评估内容

(1)扶持项目审查和年度考核任务执行情况。

(2)物流基地规划执行与落实情况。

(3)物流基地建设思路、功能定位、作业能力。

(4)物流基地建设、运营和管理体制。

三、时间安排

2012 年 10 月 31 日之前完成评估。

四、工作要求

(1)2011 年度已经完成第一轮次评估的基地由各市处(局)货运物流管理部门组织人员完成,可在 2011 年度基地评估报告的基础上进行必要的数据更新,并再次将评估的情况反馈给园区单位,同时报送省局货运处。

(2)本年度新纳入的项目评估由省局组织人员完成。基地业主单位须配合做好相关材料的整理工作,各地市运管部门做好联络协调。

(3)基地项目属于物流地产性质的,评估报告中须对各个子项目分别进行估评。

关于开展物流基地"园区通"试点工作的通知

(浙运〔2010〕39 号)

一、试点对象与内容

(一)试点对象

1. 省级试点单位

宁波港集团有限公司、宁波海联物流中心、绍兴集亚物流基地、绍兴轻纺城国际物流中心、义乌物流园区江东货运市场及国际物流中心、长兴综合物流园区、衢州大华物流中心。

2. 市级试点单位

每个地市至少推荐 1 家物流基地作为"园区通"试点单位。

(二)试点内容

物流基地进出道口安装无线射频卡读写设备,车辆安装无线射频卡,物流基地信息系统与省物流公共信息平台互联互通,车辆进出记录、信用评价等信息实现共享。

二、试点步骤

物流基地"园区通"试点工作从 2010 年 5 月开始,为期一年,具体分为三个步骤:

1. 试点准备期

(1)试点物流基地制定信息化及"一卡通"工程建设的规划,提出具体实施方案(含"一卡通"方案),并通过省物流电子枢纽的评审。

(2)完成进出道口无线射频配套安装施工。

(3)完成车辆无线射频卡相关硬件设备采购。

(4)完成物流基地信息技术人员岗前培训。

2. 试点运行期

(1)根据物流基地"园区通"工程技术方案(试行)的要求,设立专门安装维护点,对基地内车辆安装无线射频卡。

(2)依托物流基地通用软件安装或现有物流基地信息系统改造,建设"园区通"信息平台,及时上传车辆进出数据记录,并逐步对企业、车辆和人员等形成信用评价信息,实现共享。

3. 试点总结期

(1)试点物流基地对"园区通"工程进行阶段性总结,提交试点报告。

(2)各市运管处(局)完成本区域试点评估,并于次年 3 月 30 日前提交评估报告。

三、工作要求

(1)各市运管部门要积极配合开展省级试点项目实施推进工作,认真组织市级试点物流基地项目筛选,并于5 月 31 日前将试点名单报省局。市级试点物流基地必须在 7 月 30 日前完成实施计划制订和方案评审。方案评审由省物流电子枢纽组织实施。

(2)各市运管处(局)要指定信息化技术人员,加强对试点物流基地技术指导,要根据试点情况做好跟踪督促和检查,每月 5 日前以邮件形式报省运管局。

关于开展交通大物流建设专家咨询活动的通知

(浙运便函〔2009〕14号)

一、咨询对象和内容

(1)咨询对象。现代物流发展重点县市(应有物流发展战略框架);省、市交通大物流建设重点扶持的物流基地(应处于建设前期阶段,并已编写规划初稿)、龙头企业;示范性重点物流建设项目。

(2)咨询内容。物流业或相关项目发展规划、方案等。

二、咨询活动的组织

(1)要求提供咨询服务的单位,由所在地运管处与省局协调有关咨询事宜。

(2)对确认符合条件的,由省局邀请2~3名专家和接受咨询服务单位邀请1~2名当地专家组成咨询组,开展咨询活动。

(3)咨询活动以现场考察和座谈会等形式开展。咨询结束后由咨询组出具咨询报告。

三、其他事项

(1)接受咨询服务单位应提前准备好项目规划(方案)初稿,当地城镇体系规划、交通规划、经济社会发展规划、产业现状及布局规划的要点等与咨询内容相关的材料。

(2)每次咨询活动原则上持续4天时间。

(3)咨询活动的会务工作委托接受咨询服务单位办理,相关费用统一支付。

关于扩大大物流建设专家咨询服务范围的通知

(浙运便函〔2010〕26号)

一、咨询对象

省交通重点扶持物流基地和纳入省级大物流资金补助的市级重点物流基地的建设推进单位;省物流龙头物流企业,纳入省级大物流资金补助的市物流龙头企业;正在研究制订现代物流发展战略的市、县两级政府或交通运输部门。

二、咨询条件

(1)上述省、市两级重点物流基地处在建设前期、在建设中或即将投入运营而遇到技术性、方向性等问题的。

(2)上述省、市两级物流龙头企业在实施重大项目中或者在实施转型升级战略中,遇到技术性或方向性等问题的。

(3)上述地方政府或者交通运输部门在制订本地区域性现代物流发展战略、发展规划或者确定重大物流建设项目中,遇到战略性等问题的。

三、咨询内容和载体

1.内容

包括功能定位、布局思路、发展方向、发展思路、发展策略、实施方法、运营模式、盈利模式、政策措施、机制体制等。

2.载体

咨询单位需提供实施方案、发展战略、可行性报告、发展规划、建设规划等文本,作为咨询交流的载体。

四、要求

1.申报项目

以地市为单位,预先申报下半年咨询项目,每个地市申报2~3个项目,明确咨询对象、咨询载体、咨询内容、大致时间安排、联系方式等,咨询项目在8月中旬前报省运管局。

2.准备工作

在接受专家组咨询服务前,咨询对象应准备好咨询载体和咨询问题。对于咨询问题,应当预先组织一次有相关领导参加的讨论,使需要交流解决的问题十分明确。对于咨询对象为地方政府的,应在活动确定前,请当地交通主管部门与当地政府进行充分的沟通,以确保咨询活动中政府分管领导在场。

3.活动保障

咨询费用在省厅大物流建设经费中支出,活动由当地运管处(所)承办,咨询对象协办。

4.活动落实

具体咨询项目的活动落实由活动承办单位与我局货运处电话沟通确定,不再专门行文通知。

关于组织申报2012年度交通大物流扶持项目的通知

(浙交办〔2012〕102号)

一、申报项目

(1)重点扶持物流基地项目:包括公共基础设施建设、信息化建设和技术创新等内容。

(2)物流龙头企业物流发展项目:包括信息化建设、设施设备技术改造、甩挂运输和其他节能减排等内容。

(3)农村货运站场发展项目:包括农村货运站、农村物流配送网络站、客货运一体站等。

(4)企业物流信息系统建设及与国家交通运输物流公共信息共享平台(以下称平台)互联接口改造项目。

二、申报对象与项目要求

(1)经省厅发文确认的省级交通重点扶持物流基地和交通物流龙头企业,每个市地各不超过2家市级重点扶持物流基地和交通物流龙头企业。

扶持项目必须在2012年正式启动并能确保按计划完成投资。重点扶持物流基地已纳入省厅2012年交通建设投资建议计划的,应按照计划确定的有关内容和要求填报落实建设任务。

(2)实施运输、货代、物流基地、集装箱、仓储等信息化项目建设或接口改造与平台互联的本省企业。要求企业信息系统项目建设或改造已完成合同签署,其中新建设信息系统项目投资需在10万以上。已享受过大物流资金补助的有关企业不再扶持。

(3)注册在本省并通过平台与上下游企业信息系统互联的制造商贸企业、机场、码头、大型物流信息应用平台单位,要求实施与平台互联接口改造,并有与承运商信息系统对接方案和协议。

(4)农村货运站场投资单位。其中农村货运站(含客货运一体站)要求货运功能部分年度投资不少于25万元,货运站房面积原则上不少于100平方米,货运停车面积不少于500平方米;农村配送网络站要求企业原则上在农村设立不少于8个农村物流网点,每个网点站房面积不小于50平方米。

三、申报工作要求

(1)各市行业管理部门要组织货运(物流)企业做好年度扶持项目申报、审查确认工作,于6月10日前将《浙江省现代交通物流发展项目申报书》、项目汇总表和其他申报材料以书面和电子邮件形式上报省厅物流办。

(2)企业物流信息系统建设或改造,制造商贸企业、机场、码头、大型物流信息应用平台互联接口改造项目应按照省厅《关于开展物流信息化接口改造试点申报工作的通知》(浙交〔2011〕222号)申报条件和有关要求,除填报《浙江省现代交通物流发展项目申报书》外,还应编写接口改造技术方案。方案由各市行业管理部门牵头,邀请交通运输主管部门、平台管理中心等单位组织联合审查,项目上报时一并提交审查纪要。

关于开展交通物流基地情况调查的通知

(浙运〔2011〕41号)

一、调查范围

全省范围内建设和营运中的交通物流园区、占地面积5亩以上的物流站场及纳入交通大物流资金扶持的乡镇货运站(含客货一体站和城乡配送网络站)。

二、调查内容

交通物流基地基本信息、前期工作和建设情况,物流基地作业功能、设施设备及信息化等情况。乡镇货运站基本信息、建设及经营等情况。

三、实施步骤

1. 调查登记阶段(6~7 月)

各市运管处(局)召开物流基地调查会议进行专项布置,货运相关职能部门要确定专人,落实调查工作。各市调查人员名单于6月15日前报省局货运处。

《全省交通物流园区调查登记表》、《交通物流站场调查登记表》和《乡镇货运站调查登记表》分别由建设与经营管理单位填报。《全省交通物流基地调查汇总表》和《乡镇货运站调查汇总表》由各级运管部门逐级汇总、整理和上报。

2. 审查核定阶段(8月)

各级运管部门负责"登记表"的审查。市运管处(局)组织专家对辖区内交通物流园区、物流站场和乡镇货运站的名称统一规范命名,并核定物流站场的性质,审查核定结论纳入《交通物流基地调查汇总表》。

各市运管处(局)于8月31日前将审查核定后的登记表和汇总表以电子文件和纸质盖章文件形式上报至省局。

3. 总结公示阶段(9 月)

各市上报后,将汇总整理物流基地调查相关表格,形成全省物流基地名单和交通物流基地调查报告,经组织审查后,通过96520 网站或相关媒体向社会公布调查结果。各物流基地的规范命名和物流站场性质以公布文件为准。

四、其他

(1)各市运管处(局)要结合调查工作,做好本辖区交通物流基地资料整理,并建立档案。交通物流基地建档工作列入本年度省局对各地市考核目标。

(2)调查工作由省运管局全面组织,委托省交通科学研究所具体实施,开展技术指导。

三、物流园区招商政策收录

1. 政府引导政策

(1)通过各方面的努力,物流园区项目争取申报市和省重点物流项目。以便在未来整个园区建设与发展方面得到政府的重点关注和支持。

(2)园区所在市各级政府相互配合,成立高级别的物流产业发展工作领导小组,协调解决物流园区在规划建设过程中出现的各种问题,如建设融资、土地征用、费用补偿、水电扩容、配套道路建设等,保证本项目能按期开工建设、按期投入使用。

(3)将市本级的各类物流经营企业及相关物流服务企业通过政策引导的方式,如税收减免、资金扶持、服务配套等方式吸引至物流园区,以便在园区在初期形成较大的物流量并聚拢人气,增加园区未来招商过程中对入驻客户的吸引力。

(4)适当降低绿化面积的百分比,进一步提高有效土地利用率。

(5)适当调整容积率指标。目前园区主要服务于物流企业的商务集聚,建议调整物流园区的容积率,参照市区商业地产项目开发的容积率予以适当提高。

2. 土地政策

(1)入区物流企业用地享受低于或者与市域工业企业同等待遇,地价、补偿、报批费用等按工业企业用地条件执行。

(2)入园企业可通过出让、转让、联营、联建、入股、租赁、置换等多种方式取得土地使用权(青海朝阳物流园区优惠政策)。

(3)入园企业兴办物流产业项目在办理用地相关手续时,免缴征地管理费(青海朝阳物流园区优惠政策)。

(4)投资者在园区兴办符合国家《划拨用地目录》的项目,土地使用权可以以划拨方式取得(参照青海朝阳物流园区优惠政策)。

(5)投资在1亿元以上的大型物流项目,用地可以实行评估价（或基准价)带项目挂牌出让,也可以根据实际情况由市政府实行“一事一议”确定出让价格(徐州市物流用地政策)。

(6)为保持园区定位和战略的持续性,所出让单一法人的单一物流项目用地不得低于30亩。

3.财政补贴政策建议

自物流园区正式运作后的10年内,将园区企业实际上缴税收地方留成部分划入园区财政专用账户,以弥补园区前期开发所产生的巨大现金流缺口,扶持园区继续稳健发展。

(1)园区内物流企业,自生产经营之日起3年内,由市财政按照年度企业实际上缴增值税地方留成部分的80%作为园区财政扶持资金,用于扶持园区内相关企业的发展。即“3免2减半”。

(2)由政府相关部门回租部分办公用房并无偿或低价提供给相关行业协会(如物流协会等)、科研机构(物流信息平台研发机构、物流咨询机构等)和银行、邮局、卫生院、公安执勤以及部分中介服务机构(人力资源服务机构、劳动力培训机构等)使用,以便初期通过上述机构获得较多的关键驻商信息并在目标客户群中形成初步印象,为后期的招商工作提供足够的基础客户保障。

(3)由市财政出资成立物流企业发展专项基金,在现代物流园内选择2~3家基础条件比较好的物流企业,或者选择1~2个物流创新创业基地中的优秀项目,通过政策扶持和财政补贴加快培育成具备先进管理运作能力的大中型物流企业。

(4)在园区成立财政专户,设立物流引导发展基金。通过贴息、补助、奖励等多种形式,用于园区物流公共项目的补助、公益性物流信息平台的建设、物流人才的培训和教育、重要物流项目的贷款贴息等。

(5)入驻企业(在区内注册)需购房的,可以不低于成本价的方式进行分割出让,租房的,最高可享受租赁非三年全免(镇海大宗货物海铁联运物流枢纽港招商政策)。

4.税收优惠政策建议

(1)在物流园区投资发展物流相关产业或从事商贸经营的企业发生年度亏损,可以用下一年的所得弥补,下一年的所得不足弥补的可逐年延续弥补,但弥补期限不得超过5年。

(2)对于安排当地农业人口和下岗员工工作人员比例超过40%的企业免收企业所得税(徐州物流政策)。

(3)凡经主管部门认定符合条件的物流企业,经市税务局认定,允许自开或代开货运发票。

(4)合理确定物流企业营业税计征基数。物流企业将承揽的运输、仓储等业务分包给其他单位并由其统一收取价款的,应以企业取得的全部收入减去其他项目支出后的余额,为营业税计税的基数;允许符合条件的物流企业统一缴纳所得税。物流企业在全市设立的跨区域分支机构,凡在总部领导下统一经营、统一核算,不设银行结算账户、不编制财务报表和账簿的,并与总部微机联网、实行统一规范管理的企业,其企业所得税由总部统一缴纳。

(5)根据企业入驻情况,对入驻企业进行减免税优惠,具体政策建议如下:

①新入驻物流企业自生产经营之日起,前5年免征企业所得税,期满后5年内减按15%征收企业所得税。

②对于新进驻的物流企业,营业税第1~2年100%返还,第3~5年返还50%企业;所得税按15%征收,开始获利的年度起第1年免征,第2~3年减半征收5年内免征车船使用税、房产税或城市房地产税、车船使用牌照税,免征建设期土地使用税,经批准的物流企业电子商务、信息平台、物流软件开发和关键

装备制造等高新技术项目所需新建或购置生产经营场所,自建成或购置之日起五年内免征房产税(青海朝阳物流园区优惠政策、重庆永川物流园)。

③对于商贸经营企业的营业税3年内返还50%;企业所得税按15%征收,开始获利的年度起实行"2免3减半"。

④对于园区内的物流科技研发机构给予财政补贴支持培训及科研,对于独立物流科技研发机构所交营业税可部分或全部返还。

⑤对新办独立核算的咨询业(包括物流科技、物流、审计、会计、税务等咨询业)、信息业、技术服务业以及物业管理、社区服务的企业或经营单位,自经营之日起,2年内免征企业所得税,期满后减半征收企业所得税3年。

⑥凡注册资金在3000万元以上的入区物流企业,自生产经营之日起两年内,县财政按照年度企业上缴地税收入地方留成部分40%的比例,作为奖励返还给企业,用于扶持企业发展;注册资金在1亿元的入区物流企业,自生产经营之日起两年内,县财政返还给企业年度上缴地税地方留成部分的80%(高邑县物流园区招商引资优惠政策)。

⑦对于挂靠入驻注册企业的税收优惠政策事宜,主要在以下几个方面:实行零费用注册入驻服务;注册资金100万元以下,可代办并免融资利息;企业缴纳的各项税金按地方财政实得奖励,以扶持企业尽快壮大,每季度兑现,年底清算付清;对中介人员发放中介劳务费500元/个;园区对入驻注册企业免收3年管理费(普陀区西北物流园区政策)。

⑧为加快扶持入驻挂靠注册企业的快速成长,培育当地配载运输市场而制定税收返还优惠政策(普陀区西北物流园区政策)。

入驻企业上缴地税的税额在5万~50万元,当地政府按照上缴税额的50%返还奖励企业,以此类推。若企业上缴税额超过500万元,返还奖励标准采用"一事一议"的方式,见附表1。

税收奖励政策 附表1

优惠政策	标准奖额备注	优惠政策	标准奖额备注
上缴税额在5万~50万元	50%	上缴税额在301万~500万元	70%
上缴税额在51万~100万元	60%	上缴税额在500万以上	"一事一议"
上缴税额在101万~300万元	65%		

注:"上缴税额"是指地方税收实得部分。

5. 企业融资政策

(1)由市、区两级政府和物流园区共同出资成立园区担保公司或与特定担保公司合作,为入驻园区企业提供贷款担保,协助入驻物流企业打开融资渠道。在园区开辟物流金融监管仓库区,对于符合相应标准的物流企业允许其在监管区租用相应仓库,并协助其客户开展物流金融业务。

(2)鼓励和引导银行在独立审贷的基础上,向符合条件的物流企业发放贷款,完善贷款担保体系,鼓励各类担保基金向物流业倾斜。

(3)凡一次性投资在5000万元人民币以上的企业,或注册在物流园区,注册资金在5000万元人民币以上的企业,物流园区给予其贷款贴息的财政扶持。

6. 服务配套政策建议

建议浙江科技孵化城的人才扶持政策同样适用于物流园区。考虑到物流人才整体文化程度偏低以及注重实践经验的现实状况应适当降低扶持标准。

(1)对于新办的现代物流企业,和实行独立核算、自负盈亏的新组建物流企业的注册登记,工商部门视其为新兴产业并提供方便,加快办理登记发照速度。

(2)新建在物流园区高标准仓储配送型项目,实行"无费区"管理,由园区管委会代缴的部分收费款项,其中包括:城市建设配套费、地籍测量费、地价评估费、土地管理费、地质灾害评估费、工程质量监督费、房屋所有权登记费、人防费。

(3)为鼓励园区的城市配送业务发展,可考虑与交管等部门协商,委托园区进行相关审查考核,或在园区内设立办事机构,对入驻物流产业园区的城市配送企业统一发放城市配送车辆通行证,方便城市配送车辆进出主城区。

(4)为发展城市物流配送,凡经市物流主管部门批准,使用统一标识的配送车辆享有城市内道路的无限制通行的权利(交管部门有专门规定者除外);并享受包缴养路费、过路过桥费的待遇。

(5)入园企业,其物流开发建设项目的市政工程配套费按三类地区的收取标准减半收取。对物流企业的用水用电等给予一定的优惠和支持。

(6)对入驻物流园区物流企业的货运车辆的养路费、货运附加费、运管费按现有标准的85%收取(重庆永川物流园政策)。

(7)园区实行一站式服务,做到“一个窗口对外、一条龙服务”,公开办事内容、程序和时限,对投资商申报的事项,凡资料齐全、文件齐备的,内资企业在3个工作日内、外资企业在7个工作日内办结审批手续。

(8)简化工商登记审批。工商行政管理部门在为物流企业办理登记注册时,除国家法律、行政法规规定的以外,其他前置审批事项一律取消。

(9)园区依法保障区内一切经济组织和个人的合法经济活动和权益,任何部门不得违反法律规定在园区进行收费、摊派、评比等活动。

(10)入驻园区的企业在案合法经营过程中所发生的有关事项,由园区负责协调。

附录二　浙江省交通物流（货运）站场名单

浙江省道路货物运输站（场）名单

序号	所属区域	物流站场名称	建设/经营单位	已建(在建)占地(亩)	站场性质	站场状态
1	杭州市区	杭州石大路物流中心	杭州杨家经济合作社	387	公共型	运营
2	杭州市区	杭州汤氏城西配送中心	杭州汤氏物流有限公司	40	自营型	运营
3	杭州市区	浙江萧山传化物流中心	浙江传化物流基地有限公司	398	公共型	运营
4	杭州市区	萧山华瑞物流中心	华瑞物流股份有限公司	308	自营型	运营
5	杭州市区	杭州萧山汇通货运站	杭州萧山汇通配载有限公司	82	公共型	运营
6	杭州市区	杭州荣恒货运站	杭州荣恒物流有限公司	72	公共型	运营
7	杭州市区	九乔物流中心长运储运基地	浙江长运物流股份有限公司	144	自营型	运营
8	杭州市区	杭州余杭禹倡配送中心	杭州余杭禹倡商厦有限公司	25	自营型	运营
9	杭州市区	杭州农副产品物流中心正北货运站	浙江正北实业有限公司	121	公共型	运营
10	杭州桐庐县	桐庐大运物流中心	桐庐大运物流有限公司	100	公共型	在建
11	杭州临安市	临安横畈物流中心	临安市环球交通物流有限公司	275	自营型	在建
12	杭州建德市	浙江新安危险品配送中心	浙江新安物流有限公司	66	公共型	运营
13	杭州富阳市	富阳方辰配送中心	杭州方辰物流有限公司	150	自营型	运营
14	宁波市区	宁波市汽运集团货运站	宁波市汽车运输集团有限公司	35	公共型	运营
15	宁波市区	宁波阿强货运站	宁波市江东阿强快运有限公司	11	自营型	运营
16	宁波市区	宁波福洋集装箱中转站	宁波市福洋仓储有限公司	20	自营型	运营
17	宁波市区	宁波天地物流配送中心	宁波天地物流有限公司	60	自营型	运营
18	宁波市区	宁波中通物流中心	宁波中通物流集团有限公司	120	自营型	运营
19	宁波市区	宁波宇达货运站	宁波市宇达物流有限公司	30	自营型	运营
20	宁波市区	宁波市开诚配送中心	宁波市鄞州开诚物流有限公司	43	公共型	运营
21	宁波市区	宁波金星物流配送中心	宁波市金星物流有限公司	55	公共型	运营
22	宁波市区	宁波空港物流中心	宁波空港物流发展有限公司	247	公共型	运营
23	宁波市区	宁波海联长三角物流中心	宁波海联长三角物流有限公司	110	公共型	运营
24	宁波市区	宁波（镇海）大宗货物海铁联运物流枢纽港物流园区浙粮钢材配送中心	宁波浙粮仓储有限公司	65	公共型	运营
25	宁波市区	宁波（镇海）大宗货物海铁联运物流枢纽港物流园区九龙金属配送中心	宁波港九龙仓仓储有限公司	75	公共型	运营
26	宁波市区	宁波（镇海）大宗货物海铁联运物流枢纽港物流园区钢协配送中心	宁波钢协投资管理有限公司	125	公共型	在建

续上表

序号	所属区域	物流站场名称	建设/经营单位	已建(在建)占地(亩)	站场性质	站场状态
27	宁波市区	宁波(镇海)大宗货物海铁联运物流枢纽港物流园区五矿钢铁配送中心	五矿钢铁宁波工贸有限公司	70	公共型	在建
28	宁波市区	宁波经济技术开发区远亚集装箱中转站	宁波长运集装箱储运有限公司	40	公共型	运营
29	宁波市区	宁波兴合集装箱中转站	宁波兴合货柜有限公司	56	公共型	运营
30	宁波市区	宁波中集集装箱中转站	宁波中集集装箱服务有限公司	86	公共型	运营
31	宁波市区	宁波安达危化品中转站	宁波安达危化品国际物流有限公司	35	公共型	运营
32	宁波市区	宁波佰盛集装箱中转站	宁波佰盛物流有限公司	70	公共型	运营
33	宁波市区	宁波保税区高新集装箱中转站	宁波保税区高新货柜有限公司	71	公共型	运营
34	宁波市区	宁波北仑海丰集装箱中转站	宁波北仑海丰货柜有限公司	9	自营型	运营
35	宁波市区	宁波长胜集装箱中转站	宁波长胜货柜有限公司	100	公共型	运营
36	宁波市区	宁波大港集装箱中转站	宁波大港货柜有限公司	120	公共型	运营
37	宁波市区	宁波大港新世纪集装箱中转站	宁波大港新世纪货柜有限公司	172	公共型	运营
38	宁波市区	北仑霞浦货运站	宁波大嘉国际物流有限公司	75	公共型	运营
39	宁波市区	宁波大亚集装箱中转站	宁波大亚国际物流有限公司	127	公共型	运营
40	宁波市区	宁波地中海集装箱中转站	宁波地中海集装箱堆场有限公司	80	自营型	运营
41	宁波市区	宁波港北仑通达集装箱中转站	宁波港北仑通达货运有限公司	420	自营型	运营
42	宁波市区	宁波港东南物流集装箱中转站	宁波港东南物流货柜有限公司	108	公共型	运营
43	宁波市区	宁波国柜集装箱中转站	宁波国柜物流有限公司	130	公共型	运营
44	宁波市区	宁波华埠集装箱中转站	宁波华埠物流有限公司	83	自营型	运营
45	宁波市区	宁波北仑集卡综合服务基地(物流中心)	宁波经济技术开发区物流发展有限公司	551	公共型	在建
46	宁波市区	宁波铃隆集装箱中转站	宁波铃隆货柜有限公司	75	公共型	运营
47	宁波市区	宁波龙星集装箱中转站	宁波龙星物流有限公司	221	公共型	运营
48	宁波市区	宁波梅山保税港区物流园区保税配送中心	宁波梅山岛开发投资有限公司	254	公共型	运营
49	宁波市区	宁波市北仑货运站	宁波市北仑货运市场有限责任公司	17	公共型	运营
50	宁波市区	宁波天翔货运站	宁波天翔货柜有限公司	70	公共型	运营
51	宁波市区	宁波新霸达货运站	宁波新霸达集装箱仓储有限公司	46	公共型	运营

续上表

序号	所属区域	物流站场名称	建设/经营单位	已建(在建)占地(亩)	站场性质	站场状态
52	宁波市区	宁波中亚货运站	宁波中亚国际集装箱储运有限公司	77	公共型	运营
53	宁波市区	宁波英丰货运站	宁波英丰物流有限公司	32	公共型	运营
54	宁波市区	宁波宇林货运站	宁波宇林国际物流有限公司	206	自营型	运营
55	宁波市区	宁波恒胜货运站	宁波恒胜物流有限公司	40	公共型	运营
56	宁波慈溪市	慈溪市附海镇枢纽货运站	慈溪市附海镇枢纽货运站	32	公共型	运营
57	宁波慈溪市	慈溪市公铁联运配送中心	慈溪市公铁联运有限公司	20	自营型	运营
58	宁波慈溪市	慈溪市杭州湾物流中心	慈溪市杭州湾物流中心	22	公共型	运营
59	宁波慈溪市	慈溪市交通货运站	慈溪市交通物流发展有限公司	68	公共型	运营
60	宁波慈溪市	慈溪市余慈物流中心	宁波余慈物流有限公司	40	公共型	运营
61	宁波宁海县	宁海物流中心	宁海物流中心有限公司	43	公共型	运营
62	宁波象山县	象山县远达临港物流中心	象山远达物流有限公司	400	自营型	运营
63	宁波余姚市	宁波芦城货运站	宁波芦城国际物流有限公司	45	公共型	运营
64	宁波余姚市	宁波璐璐货运站	宁波璐璐国际物流有限公司	21	公共型	在建
65	宁波余姚市	宁波美家亮货运站	宁波市美家亮国际物流有限公司	20	公共型	运营
66	宁波余姚市	宁波舜发物流中心	宁波市舜发国际物流有限公司	53	公共型	运营
67	宁波余姚市	余姚东方集装箱中转站	余姚市东方国际物流有限公司	133	公共型	运营
68	宁波余姚市	余姚周东货运站	余姚市公路运输有限公司周东物流分公司	19	公共型	运营
69	宁波余姚市	余姚粮油货运站	余姚市粮油运输有限公司	9	公共型	运营
70	宁波余姚市	余姚文辉货运站	余姚市文辉工贸有限公司	6	公共型	运营
71	宁波余姚市	余姚鑫天地货运站	余姚市鑫天地货运有限公司	20	公共型	运营
72	宁波余姚市	余姚姚北货运站	宁波市美家亮国际物流有限公司	10	公共型	运营
73	宁波余姚市	余姚姚江货运站	余姚市姚江物流有限公司	40	公共型	运营
74	温州市区	温州双屿物流中心	温州市交通运输集团有限公司	483	公共型	运营
75	温州市区	温州市瓯海物流中心	温州市瓯海公路货物托运有限公司	160	公共型	运营
76	温州瑞安市	瑞安江南物流园区一期	瑞安市江南新区城建开发有限公司	225	公共型	在建
77	温州永嘉县	永嘉县货运中心	永嘉县五洲交通有限公司货运中心	70	公共型	运营
78	温州苍南县	温州浙闽物流中心	温州浙闽物流中心开发有限公司	90	公共型	运营

续上表

序号	所属区域	物流站场名称	建设/经营单位	已建(在建)占地(亩)	站场性质	站场状态
79	温州苍南县	苍南县江南客货运中心	苍南县江南客货运市场开发有限公司	20	公共型	运营
80	温州苍南县	苍南县新联货运中心	苍南县龙港镇下垟郑村委会	45	公共型	运营
81	温州苍南县	苍南县龙港货运中心	苍南县龙港镇东排村委会	24	公共型	运营
82	温州平阳市	平阳双赢物流中心	温州双赢物流服务有限公司	9	公共型	运营
83	绍兴市区	绍兴港现代物流园区	浙江鼎嘉投资有限公司	475	公共型	在建
84	绍兴市区	绍兴市集亚物流基地	绍兴市集亚物流基地有限公司	269	公共型	在建
85	绍兴市区	绍兴佳吉快运配送中心	上海佳吉快运有限公司	22	自营型	运营
86	绍兴市区	绍兴市国际物流中心	绍兴市水务集团有限公司	105	公共型	运营
87	绍兴市区	中粮绍兴酒仓储配送中心	中粮绍兴酒有限公司	11	自营型	运营
88	绍兴市区	浙江天波物流货运站	浙江天波物流有限公司	80	公共型	运营
89	绍兴市区	绍兴市兴业快运货运站	绍兴市兴业快运有限公司	46	公共型	运营
90	绍兴市区	绍汽货运站	绍兴市汽车运输集团有限公司快速货运分公司	11	自营型	运营
91	绍兴市区	绍兴顺丰速运东湖配送中心	绍兴顺丰速运有限公司	7	自营型	运营
92	绍兴市区	绍兴交运疏港货运站	绍兴市交通运输有限责任公司	39	自营型	运营
93	绍兴绍兴县	中国轻纺城现代物流园区综合物流中心	绍兴县中国轻纺城物流中心开发经营有限公司	110	公共型	运营
94	绍兴绍兴县	中国轻纺城现代物流园区国内物流中心	绍兴县中国轻纺城国际物流中心有限公司	434	公共型	运营
95	绍兴绍兴县	中国轻纺城现代物流园区柯东物流中心	绍兴县中国轻纺城市场开发经营有限公司	73	公共型	运营
96	绍兴绍兴县	浙江绍广物流货运站	浙江绍广物流有限公司	14	公共型	运营
97	绍兴诸暨市	浙江大唐货运站	浙江大唐轻纺袜业有限公司	50	公共型	运营
98	绍兴诸暨市	诸暨店口浙中物流中心	浙江浙中物流有限公司	50	公共型	运营
99	绍兴上虞市	上虞市信诚物流中心	上虞市商贸国资总公司	55	公共型	运营
100	绍兴上虞市	上虞市华佳业配送中心	上虞市华佳业物流有限公司	7	公共型	在建
101	绍兴上虞市	上虞盛达货运站	上虞市盛达物流有限公司	8	自营型	运营
102	绍兴嵊州市	嵊州市长运物流中心	嵊州市货车运输公司	40	公共型	运营
103	绍兴新昌县	新昌县国际物流中心	新昌陆海国际物流服务有限公司	80	公共型	在建
104	绍兴新昌县	新昌县陆海配送中心	新昌县陆海物流有限公司	18	公共型	运营
105	嘉兴市区	嘉兴现代物流园沃尔玛配送中心	沃尔玛(中国)投资有限公司嘉兴配送中心	180	自营型	运营
106	嘉兴市区	嘉兴现代物流园安博配送中心	安博(嘉兴)仓储有限公司	65	公共型	运营
107	嘉兴市区	嘉兴现代物流园宝银重钢物流中心	浙江宝银重钢金属制品有限公司	60	公共型	在建

续上表

序号	所属区域	物流站场名称	建设/经营单位	已建(在建)占地(亩)	站场性质	站场状态
108	嘉兴市区	嘉兴现代物流园浙江申通瑞银配送中心	浙江申通瑞银物流有限嘉兴分拨中心	40	自营型	在建
109	嘉兴市区	嘉兴现代物流园浙江速银通配送中心	浙江速银通仓储物流有限公司	64	公共型	建成,未运营
110	嘉兴市区	嘉兴综合物流园农产品及建材物流中心	嘉兴农产品交易中心开发建设有限公司	185	公共型	在建
111	嘉兴市区	嘉兴综合物流园水果冷链配送中心	嘉兴市水果市场有限公司	56	公共型	在建
112	嘉兴市区	嘉兴综合物流园绿源农产品冷链配送中心	嘉兴市绿源生态农业有限公司	33	公共型	在建
113	嘉兴市区	嘉兴综合物流园浙北盐业配送中心	浙江省盐业集团嘉兴配送有限公司	48	自营型	在建
114	嘉兴市区	嘉兴内河港物流中心	嘉兴内河国际集装箱码头有限公司	489	公共型	运营
115	嘉兴市区	嘉兴毛衫城货运站	嘉兴毛衫城管委会	14	公共型	运营
116	嘉兴市区	嘉兴王江泾南方货运站	王江泾镇南方联托运中心有限责任公司	31	公共型	运营
117	嘉兴平湖市	平湖市独山港综合物流园嘉港物流中心	浙江嘉兴港物流有限公司	152	公共型	运营
118	嘉兴平湖市	平湖市独山港综合物流园食糖配送中心	浙江甘泽糖酒仓储有限公司	104	自营型	在建
119	嘉兴平湖市	平湖市独山港综合物流园宝达物流中心	嘉兴市宝达物流有限公司	200	公共型	在建
120	嘉兴平湖市	平湖市独山港综合物流园上港集装箱中转站	上港集团平湖独山港码头有限公司	400	公共型	在建
121	嘉兴平湖市	平湖市独山港综合物流园华瑞配送中心	平湖华瑞仓储有限公司	184	公共型	在建
122	嘉兴平湖市	平湖市独山港综合物流园荣鑫货运站	嘉兴荣鑫物流有限公司	25	公共型	运营
123	嘉兴嘉善县	嘉善远方货运站	嘉善远方市场经营管理有限公司	55	公共型	运营
124	嘉兴海宁市	海宁市许村家纺城货运站	海宁家纺城联托运有限公司	33	公共型	运营
125	嘉兴桐乡市	桐乡濮院羊毛衫物流中心	桐乡市濮院物流园区发展有限公司	122	公共型	运营
126	湖州市区	湖州长运祥瑞物流中心	湖州长运祥瑞物流中心有限公司	110	公共型	运营
127	湖州市区	湖州长运祥瑞织里物流中心	湖州长运汽车运输有限公司	65	公共型	运营
128	湖州市区	湖州市织里货运站	湖州国运公路运输有限公司	24	公共型	运营
129	湖州市区	湖州鑫达国际物流中心	湖州鑫达国际物流有限公司	153	公共型	运营
130	湖州市区	浙江南浔德隆内河港货运站	浙江德隆物流有限公司	107	自营型	在建
131	湖州市区	湖州久运货运站	湖州久运物流有限公司	35	公共型	运营

续上表

序号	所属区域	物流站场名称	建设/经营单位	已建(在建)占地(亩)	站场性质	站场状态
132	湖州长兴县	长兴综合物流园区A区	长兴永畅物流建设开发有限公司	356	公共型	运营
133	湖州长兴县	长兴广和货运站	湖州广和物流有限公司	24	自营型	运营
134	湖州长兴县	长兴捷通内河港集装箱中转站	浙江长兴捷通物流有限公司	196	公共型	运营
135	湖州长兴县	长兴顺达货运站	长兴顺达汽运有限公司	21	自营型	运营
136	湖州安吉县	安吉川达内河港集装箱中转站	安吉川达物流有限公司	300	公共型	运营
137	湖州德清县	临杭物流园区浙江商源配送中心	浙江华通港航物流有限公司	34	自营型	运营
138	湖州德清县	临杭物流园区浙江源航塑业配送中心	浙江源航塑业物流有限公司	40	自营型	运营
139	湖州德清县	临杭物流园区中球冠油品配送中心	中球冠集团有限公司	35	自营型	建成,未运营
140	金华市区	金华国际物流园区尖峰物流中心	尖峰国际贸易有限公司	180	公共型	在建
141	金华市区	金华国际物流园区甬金集装箱物流中心	甬金国际集装箱有限公司	100	公共型	在建
142	金华市区	金华国际物流园区中外运国际物流中心	中国外运股份有限公司	209	公共型	在建
143	金华市区	金华国际物流园区诚信仓储配送中心	金华诚信物流有限公司	70	公共型	在建
144	金华市区	金华巨龙物流中心	金华巨龙物流有限公司	63	公共型	运营
145	金华义乌市	义乌物流园区内陆口岸物流中心	义乌交通发展有限责任公司	394	公共型	在建
146	金华义乌市	义乌物流园区江东货运站	义乌市交通发展有限责任公司	150	公共型	运营
147	金华义乌市	义乌物流园区江北下朱货运站	义乌交通发展有限责任公司	200	公共型	运营
148	金华义乌市	义乌物流园区国际物流中心	义乌交通发展有限责任公司	450	公共型	运营
149	金华永康市	永康物流中心	永康市鑫茂物流有限公司	300	公共型	运营
150	金华浦江县	浦江县现代物流中心	浦江县联运物流场站建设有限公司	93	公共型	在建
151	金华兰溪市	浙江(兰溪)嘉宝物流中心	浙江嘉宝物流有限公司	462	公共型	在建
152	金华东阳市	东阳市交通物流货运站	东阳市交通物流有限公司	55	公共型	运营
153	衢州市区	衢州综合物流园区通港国际物流中心	浙江衢州汽车运输集团有限公司	200	公共型	运营
154	衢州市区	衢州综合物流园区浙西粮食物流中心	衢州市物流投资有限公司	335	公共型	运营
155	衢州市区	衢州大华物流中心	浙江衢州汽车运输集团有限公司	155	公共型	运营
156	衢州龙游县	龙游物流园区柳丰物流中心	龙游柳丰物流有限公司	50	公共型	在建
157	衢州龙游县	龙游物流园区宝塔农资配送中心	龙游宝塔农业生产资料连锁有限公司	26	自营型	在建
158	衢州龙游县	龙游物流园区粮食仓储配送中心	龙游县粮食批发交易市场	150	公共型	运营
159	衢州江山市	浙江驰骋物流中心	浙江驰骋物流有限公司	122	公共型	运营
160	丽水龙泉市	龙泉市交通运输物流中心	龙泉市交通投资有限责任公司	28	公共型	在建
161	丽水遂昌县	遂昌县物流中心	浙江省绿通物流有限公司	27	公共型	在建
162	丽水缙云县	缙云路网物流中心	缙云路网物流有限公司	45	公共型	在建

续上表

序号	所属区域	物流站场名称	建设/经营单位	已建(在建)占地(亩)	站场性质	站场状态
163	台州市区	台州物流园区国际物流中心	台州市国际物流中心有限公司	91	公共型	在建
164	台州市区	台州市路桥联托运物流中心	台州市路桥联托运物流中心有限公司	160	公共型	运营
165	台州市区	台州路桥东区货运站	路桥东区联托运中心有限公司	48	公共型	运营
166	台州市区	路桥运通物流中心	运通物流有限公司	60	公共型	运营
167	台州市区	台州市椒江台港货运站	台州市椒江台港物流有限公司	58	公共型	运营
168	台州市区	浙江台州山鹰物流中心	浙江山鹰物流有限公司	76	自营型	运营
169	台州市区	台州市恒跃货运站	台州市恒跃汽车运输有限公司	9	自营型	运营
170	台州市区	台州托你福黄岩物流中心	台州托你福物流有限公司	23	公共型	运营
171	台州市区	台州市黄岩华东物流中心	黄岩公路货运配载信息服务中心	98	公共型	运营
172	台州临海市	临海市江南物流中心	临海市江南物流中心有限公司	173	公共型	运营
173	台州仙居县	仙居胜发鸿运货运站	浙江省仙居胜发鸿运物流有限公司	10	自营型	运营
174	台州仙居县	仙居美顺达物流中心	浙江美顺达石化有限公司	30	公共型	运营
175	台州三门县	三门县沿海工业城物流中心	浙江省三门公路运输总公司	73	公共型	在建
176	台州天台县	浙江天台天啸物流中心	浙江天啸物流有限公司	46	公共型	运营
177	台州玉环县	浙江玉环陆通物流中心	浙江陆通物流有限公司	45	公共型	运营
178	台州玉环县	浙江玉环欧勇物流中心	浙江欧勇物流有限公司	13	公共型	运营
179	台州玉环县	浙江玉环海西供应链配送中心	浙江海西供应链有限公司	41	公共型	运营
180	舟山市区	舟山陆港现代物流中心	舟山陆港物流发展有限公司	169	公共型	在建
181	舟山市区	舟山普陀展茅鱿鱼市场物流配送中心	浙江名捷物流有限公司	10	公共型	在建
182	舟山市区	舟山元海船舶物资配送中心	舟山市元海海洋船舶物资有限公司	27	公共型	运营
183	舟山市区	舟山豪舟物流中心	舟山豪舟物资仓储有限公司	190	自营型	在建

注:1. 公布的物流(货运)站场是指浙江省建设和运营中占地面积5亩以上的物流站场、物流园区内单独报批建设的物流项目及如长兴物流园区和瑞安江南物流园区等整体报批建设物流园区项目。

2. 物流站场调查的截止时间为2011年10月。

后　记

本书(2013 版)编写过程中，编写组曾邀请交通、发改委、建设等相关部门的同志、重点物流园区的负责人、科研院所、高等院校、咨询公司和设计单位、物流协会的专家学者参加过讨论和审查，并召开过几次专家咨询会听取意见。在此特别感谢浙江省道路运输管理局领导的大力支持和长期指导。感谢交通运输部、浙江省交通运输厅的专家领导，感谢中国道路运输协会孔卫国常务副会长，中国物流学会戴定一常务副会长，交通运输部规划研究院李伟博士、余兴源高工，浙江工商大学肖亮教授，传化公路港物流有限公司成都传化物流基地谢萍副总裁、总经理、义乌市交通发展有限公司内陆口岸场站建设办龚先主任，长兴综合物流园区周小龙副总经理，宁波梅山保税港区物流园区投资部施力可副经理等 20 余位专家为本书所做的大量工作。

本书(2013 版)由浙江省道路运输管理局在北京组织审定，并通过评审。

参 考 文 献

[1] 浙江省道路运输管理局,浙江省交通科学研究所. 浙江省交通物流基地情况调查报告,2011.

[2] 浙江省道路运输管理局,浙江省交通科学研究所. 全省重点物流基地评估报告,2011.

[3] 浙江省道路运输管理局,浙江省交通科学研究所. 浙江省交通大物流专家咨询意见合集,2012.

[4] 浙江省道路运输管理局. 道路货物运输管理文件汇编,2012.

[5] 浙江省道路运输管理局. 道路货物运输管理文件汇编,2011.

[6] 浙江省道路运输管理局. 交通"建设大物流"相关文件及领导讲话汇编,2009.

[7] 浙江省道路运输管理局,浙江省综合交通物流行业协会. 浙江省物流企业优秀创新项目,2011.

[8] 全国注册咨询工程师(投资)资格编写委员会. 工程咨询概论(2012 版). 北京:中国计划出版社,2011.

[9] 全国注册咨询工程师(投资)资格编写委员会. 工程项目组织与管理 (2012 版). 北京:中国计划出版社,2011.

[10] 全国建造师执业资格编写委员会. 建设工程项目管理. 3 版. 北京:中国建筑工业出版社,2011.

[11] 中国国际工程咨询公司. 投资项目可行性研究指南(试用版). 北京:中国电力出版社,2001.

[12] 国家发展改革委,建设部联合发布. 建设项目经济评价方法与参数. 北京:中国计划出版社,2006.

[13] 张戎,等. 内陆港功能定位及发展对策. 综合运输,2010(1).

[14] Yevdokimov, Yuri V.. Measuring Economic Benefits of Intermodal Transportation. Transportation Law Journal,2000(6).

[15] Intermodal update BNSF logistic Park-Chicago. http://www.bnsf.com/markets/intermodal/pdf/Issue1_Intermodal_Update.pdf,2006(3).

[16] 中华人民共和国国家标准. GB/T 21334—2008 物流园区分类与基本要求. 北京:中国标准出版社,2008.

[17] 中华人民共和国国家标准. GB/T 24358—2009 物流中心分类与基本要求. 北京:中国标准出版社,2009.

[18] 中华人民共和国国家标准. GB/T 22126—2008 物流中心作业通用规范. 北京:中国标准出版社,2008.

[19] 中华人民共和国国家标准. GB/T 24360—2009 多式联运服务质量要求. 北京:中国标准出版社,2009.

[20] 中华人民共和国国家标准. GB/T 12419—2005 集装箱公路中转站站级划分、设备配备及建设要求. 北京:中国标准出版社,2005.

[21] 中华人民共和国行业标准. JTJ 212—2006 河港工程总体设计规范. 北京:中国标准出版社,2006.

[22] 中华人民共和国国家标准. GB/T 18354—2006 物流术语. 北京:中国标准出版社,2006.

[23] 杭州市质量技术监督局发布. DB 3301/T 52—2010 物流园区服务规范.

[24] 中华人民共和国国家标准. GB/T 50326—2006 建设工程项目管理规范. 北京:中国标准出版社,2006.

[25] 徐静文. 欧洲是如何发展物流园区的. 物流技术与应用,2011(12).

[26] 岳晓武. 我国国有土地使用权的类型和取得方式. 土地规划与管理,2005(1).

[27] 孔庆广. 物流园区项目选址的五大原则. 北京:现代物流报,2012-4-10(A8).

[28] 陈义虎,等. 中国物流园区发展模式. 北京:中国物资出版社,2004.

[29] 中国物流与采购联合会,中国物流学会. 第三次全国物流园区(基地)调查报告,2012(7).

[30] 刘伟文. 日本物流园区的规划与运营管理. 第二次全国城市物流园区(基地、中心)交流研讨会论文

集,2004(8).

[31] 汪晓燕.德国物流园的历史与现状. 第二次全国城市物流园区(基地、中心)交流研讨会论文集,2004(8).

[32] 王友顺,田丽妮.国外物流园区开发模式的有益借鉴.科技创业,2005(7).

[33] 魏守恩.上海外高桥保税物流园区业务模式分析与政策改善建议.上海物流,2012(1).

[34] 嘉兴现代物流园管委会等. 浙江(嘉兴)物流科技创业园概念性规划,2009(12).

[35] 浙江传化物流基地以信息化打造公路港,带动物流业升级.工信部工业信息化典型案例,2009.

[36] EUROPLATFORMS EEIG. FV-2000-Quality of Freight Villages Structure and Operations, IN-97-SC2115,2000.

[37] EUROPLATFORMS EEIG. Logistic Centers Directions for use,2004(1).

[38] Bentzen,K;Hoffmann,T;Bentzen,L. Best practice handbook for logistics centers in the Baltic Sea region. Neloc,2003.